The Virgin and Child with St. Anne
(レオナルド=ダ=ヴィンチ)

カバー写真
"Mother of God"
(Christina Dochwat)
Ukrainian Catholic University, Rome

マリア

●人と思想

元上智大学教授
吉山　登　著

142

CenturyBooks　清水書院

はしがき

人類の歴史の中で、イエスの母マリアほど、あらゆる時代、あらゆる民族の中で愛された女性はいないのではないかと思う。もちろんそれは、マリアの子どもイエス＝キリストへの愛が、人々を母マリアにも愛着させるのである。それにしても異常ではないだろうか。たとえある聖者が時代とともに普遍的に尊敬されるようになったとしても、その母親が同じように尊敬されるものであろうか。むしろ母親は、聖者をこの世に生み出した後、子どもの名声の影に隠れ、忘れられてしまうことが多いだろう。イエスとその母マリアの関係が単なる親子関係であれば、マリアも同じように子どもの後に隠れ、無視されるのが運命であろう。

だがマリアの場合、親子関係が同時に救い主なる神と救われるべき人間の一人という、救いの恵みの関係にある。したがってイエスの母マリアには、イエスの母としての敬愛以上に救いの恵みに満たされた者に対する敬愛があり、イエスの救いの尊さに目覚める人が増えるにつれて、イエスの母マリアに対する崇敬が高まっていくのである。カトリック教会の中においてマリア崇敬・マリア信心が、歴史を通して広まり、豊かになっていったのは、イエスとその救いの業に対する神学的理解が深まったことと深い関係がある。

西欧におけるマリア信心に対して、文化人類学研究者などが、マリア信心の起源や普遍性を処女信仰・母性信仰などの人類学的現象としてのみ研究するのは、一種の還元主義にすぎない。そのような啓蒙主義によってマリア崇敬が研究されるかぎり、マリア信心は迷信または女神信仰として偶像礼拝にすぎないという結論しか出しえないであろう。

原始キリスト教団においてさえ、マリアの伝記的研究者などは存在せず、むしろマリア崇敬、すなわちマリアの受けた救いの恵みに対する限りなく高い尊敬が、すでに始まっていたのである。

したがってマリアに関する研究は、神学的研究以外にマリア自身についての現実に触れる研究はありえないと思われる。しかし本書におけるマリア研究は、聖書、カトリック教会教義、教会史などの研究に特別に入らず、単純に新約聖書を中心にして、マリアの真理を追究する試みではあるが、現代のカトリック神学研究者の一人としての信仰の証しにすぎない。筆者の神学研究はもっぱらキリスト教倫理に向けられているので、これからの人間の生き方を考える上で、何らかの貢献ができれば幸いである。少なくともそのような方向を目指して、きわめて複雑なマリア研究の一端を紹介することを望んでいる。

序論・マリア崇敬の前提

マリア崇敬とは

マリアは過去の宗教的偉人や聖者とも違う尊敬を、カトリック教会においては受けている。この特別な尊敬のことを、筆者は崇敬という言葉を用いる。崇敬をもとにしたマリアに対する親しい霊的な交わりのことを信心と呼ぶことにする。マリアが他の聖人たちとは違って崇敬を受ける神学的な理由は、まず、マリアが救い主イエスの母であること、次に救い主イエスが人であるとともに神であることから、御子の神性のゆえに母マリアに対して、単なる尊敬ではなく崇敬という言葉を用いるのである。最後に、マリアに対しては、他の諸聖人に対する尊敬や愛着以上のものをカトリック信者は抱き、それを信心と呼ぶ理由は、マリアが神からの恵みを御子を通して、他の諸聖人にはできない有効な取次ぎができるということにある。

それらの理由は神学的に論証されるが、その根拠は聖書になければならない。本書では、できるだけ聖書をもとにした説明を、マリアを知る上での基礎として述べたい。特に、福音書のマリアの物語を主な材料とする。

マリアの超歴史的存在性について　マリアが原始教会から始まって現代まで、カトリック教会において他の聖人たちとは異なった愛着をもって信徒に慕われ、愛されている超歴史的な信頼の根拠は、マリアの御子イエス、神が真に人となり、十字架の上での死を通して復活し、天におられる父なる神とともにいるということである。

したがって、カトリック信者がマリアを他の聖人たちと異なって超歴史的存在者のように考えるのは、イエスが人間として復活し、天におられる以上、マリアもイエスの母として、その復活にも、他の諸聖人とは異なった段階によって与かっていると考えるからである。教会はマリアの被昇天という教義によってそれを表現し、信ずべき教義として宣言している。

イエスの死後七、八〇年の教会の歴史を文書の中で研究できる素材は、新約聖書しかない。この文書がすべてを記録しているわけではないが、原始教会の現実をいろいろな面から反映していることは、研究によって今後も明らかになろう。

ところで、もし、マリアが単にイエスを産んだ一人の母であれば、その死と埋葬についての記録が残されていていいはずである。残されなかった理由としては、マリアを単なる歴史的人物として葬りされない信仰問題があったからであろう。

例えば、パウロの書簡がほとんどイエスの母マリアについて触れないということから、パウロがマリアを完全に無視していたと結論するのは、あまりにも記録として、また、文書として聖書を研究する学問的限界を示しているだけではないだろうか。仮りにパウロが、イエスの母マリアを単に歴史的人物として葬りさることができない救いの神秘に属する人間と考えるならば、マリアとイエスの地上的生活の歴史的現実に対して、詳細に語る必要を感じなかったであろうし、逆に沈黙を好んだということも考えられないことではない。それは、マタイ、マルコ、ルカの福音が伝えるイエスの公生活において、イエスが自分の母マリアを単なる母、歴史的役割を果たせば葬るだけでいい人間のように考えていなかったからこそ、弟子たちの前でマリアとの母子関係、母マリアに対する孝行などを示さなかったのではないだろうか。しかし、それにもかかわらずヨハネの福音書では、マリアは母としてイエスの活動の中に示されている（例えば、カナの婚宴のときの物語。ヨハネ二の一―一二）。

イエスの復活後のマリアはイエスの弟子たち、イエスを救い主と信じはじめた教団とともに生き、イエスのように死を通して復活する救いの恵みを豊かに受けたのであろう。そのような意味で、新しい生命を完全に受けた者として崇敬されていたのではないかと思われる。

したがって、教会があるところ、マリアがすでに救いの恵みを完全に受けた者として、教会の母、救われた者の典型として崇敬されるということは、すでに原始教会に見られたのであろう。マリアは単なる個人としてではなく、教会そのもののように超歴史的に救いの業が遂行されるかぎり崇敬され、その恵みの確かさが、マリアの教会における現存さえ感じるようになったのであろう。

マリアの取次者としての使命　もし、マリアが、イエスの母マリアとして永遠的存在のような崇敬を受けるだけであれば、カトリック教会におけるマリア信心のようなマリアとの親しい交わりは起こらなかったであろう。原始教会の信仰共同体における信徒の交わりは、祈りによる助け合い、物質的な援助などをも含めて、いかに深いものであったかは、パウロの書簡からも明らかである。いわゆる聖徒の交わりとして、後の教会にも現代に至るまで行われている愛の交わりである。

この聖徒の交わりの中でもマリアの交わりは、マリアがイエスの母であるということから特別な位置を占めていたことは、すでにヨハネの福音書がカナの婚宴物語、十字架の下でのイエスの母マリア、および使徒ヨハネへの語りかけ（ヨハネ一九の二六―二七）からも察することができる。

プロテスタントの教会がカトリックのマリア信心に対して最も大きな不信を抱くのは、カトリックではマリアが神と人類との仲介者のような役割をするものであると信じているのではないか、という疑念にもとづくものであろう。しかし、カトリック教会の教義においてはプロテスタントと同様、神と人類との間の唯一の仲介者はイエス＝キリスト以外にありえないと説いている。恵みは父と子と聖霊なる神のみが与えることができ、マリアもイエスの母となるに及んで神から救いの恵みを最もふさわしく受けたにすぎないのである。

したがって、マリアの取次ぎにも、われわれがマリアのように神から無償の恵みを受けることができるようにと、マリアとともに御子イエスに祈り求めるのである。母マリアは、神の恵みによりイエスの母となったのであるから、それ以外の取次ぎはありえない。

ただし、マリアの受けた恵みの豊かさこそ、われわれが彼女に、われわれにも救いの恵みをできるだけ豊かに受けることができるよう祈ってくれることを、熱心に求めたいのである。そのためにマリア信心は、マリアが貧しいガリラヤの一女性としてイエスの母となった限りない恵みを受けたことを常に思い起こしながら、マリアに取次ぎの祈りを願うのである。したがってマリアは他のどんな聖人よりも、神の恵みを豊かに受けていることを知れば知るほど、彼女の祈りの取次ぎに対する信頼は深まっていくのである。

また、イエスの母マリアこそ、神の恵みがいかに全人類の恵みであり、その恵みの限りなさを知っていると思われるので、マリアの祈りの取次ぎにすべてを委ね、イエス＝キリストの救いにマリアのようにより完全に与かることを、多くの信徒が求めるのである。

目　次

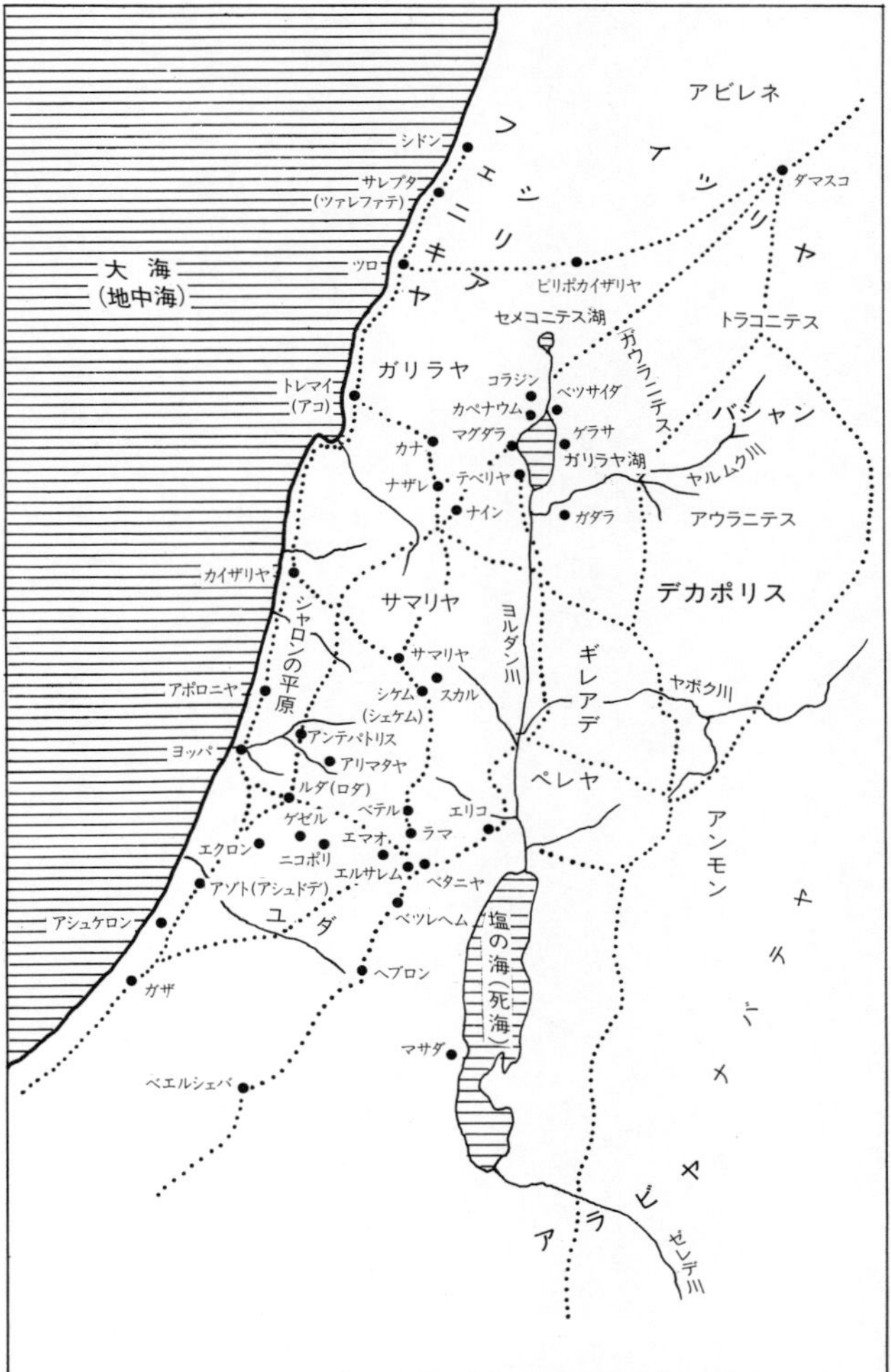

キリスト時代のパレスチナ

第1章　聖書とマリア

最近のマリア研究について

プロテスタントのマリア論　イエスの母マリアに対する崇敬が原始キリスト教において始まったことは、ルカによる福音の証しするところであるが、それ以降、キリスト教の歴史の中で絶えたことはない。現代のカトリック教会においては、全世界的に見て何らかの方法でマリアに対する崇敬は豊かに保たれ、今日的な発展さえ見られる。キリスト教徒の少ないわが国においても、最近、カトリック教会外において研究書が刊行されるようになったので、その二、三について紹介し、終りに現代カトリック教会におけるマリア崇敬の新しい傾向も明らかにしたい。

岩波新書367「聖母マリア」(植田重雄著）は、マリア崇敬をヨーロッパ文化の中でとらえた、多角的、また客観的な啓蒙書としてよくまとめられた著作である。カトリック教会に対する偏見やマリア信心に対する俗説などにとらわれない学問的立場が貫かれている。マリア崇敬を客観的に研究するためには、著者が試みたような客観的なアプローチがふさわしいが、このような研究はわが国ではまだ稀である。著者の目指すところはマリア崇敬を中心としたヨーロッパ文化の形成・発展の研究にあるとしても、そのためには、マリア崇敬の神学的研究をないがしろにすることはできないはずである。その意味から本書の「伝承の中のマリア」の章には、より厳密な聖書の伝承についての神学的研究が望まれる。そうでなければ、興味本位の紹介に終わる危険がある。

プロテスタントのマリア崇敬に対する否定的な傾向には、宗教改革後の世代から今日に至るまで一般的に変化は見られないが、カトリック教会の画期的な刷新が行われた一九六〇年代後半以降、プロテスタントの中にもマリア崇敬に対する見直しが、ごく僅かながら現れている。それは、わが国のプロテスタントの一部にも見られる。数年前、土屋博著「聖書のなかのマリア」、E・モルトマン゠ヴェンデル、H・キュンク、J・モルトマン編、内藤道雄訳「マリアとは誰だったのか—その今日的意味—」の二冊が刊行されている。土屋博氏にせよ、内藤道雄氏にせよ、日本におけるプロテスタンチスムの狭い見方に対する批判をこめて、このマリアに関する著作や訳書を公表されたようである。カトリックにせよ、プロテスタントにせよ、神学的にマリアを研究する出発点として聖書に戻ることはきわめて正統的な研究法であるから、土屋氏がルカの福音書のイエスの誕生・幼少期物語におけるマリア像を解明しようとしたことは評価されるべきである。第二バチカン公会議[*1]後のカトリック教会におけるマリア論の刷新においても聖書が出発点となっており、最近出版されたフランスのマリア神学者として知られるルネ＝ローランテェンのルカ、マタイによるイエスの誕生・幼少期物語に関する聖書学的研究は、六〇〇ページにも及ぶ大著である。

今日、なぜプロテスタントもマリアを問題にせざるをえないかといえば、土屋氏も提起しておられるように、フェミニスト神学のキリスト論・マリア論への評価や批判を迫られているからである。カトリックにおいてもまったく同じ動機が存在している。そこで内藤氏の訳書は、このような事情にもとづくまったくエキュメニカルな研究論文を集めたものである。なかでもユルゲン＝モルトマンの「全教会的マリア論は存在するのだろうか」という論文は、これからのマリア論の研究の方向付けを示した重要なもので、カトリックも評価できるのではないかと思う。それにしても、マリア研究にはいろいろな観点が必要であり、今後のエキュメニカルな研究が望まれる。

カトリック教会の現代マリア教説

ところで、カトリック教会におけるマリア研究は、第二バチカン公会議を中心にして大きな刷新を遂げている。刷新というのは、聖書に戻り、教会の歴史に一貫している伝統に戻り、信仰をもとにしてマリア論を深めるということである。それを一言でいえば、今日のわれわれにとって、マリアがイエスの母であるということはどのような意味を持っているのかという問題意識を深めて、聖書学・神学のいろいろな視点に立っての研究が進められているということである。

キリスト教徒は、イエス＝キリストを単なる歴史的人物とはみなさず、十字架の死後復活して、キリストを信じる者とともに存在し、その教会はあたかもキリストの身体のように今日の世界においてもキリストの救いの業を実現しつつあると信じている。マリアはイエスの母であるとはいえ、イエスの救いに最も完全に与かった恵まれた人間であるかぎり、救われたすべての人々とともに全人類の救いを願いつつ、御子キリストと一致して存在していると、少なくともカトリック教会は伝統的に信じてきた。第二バチカン公会議はそのような伝統的なマリアの受け止め方を公に認めて、マリアを教会の母と宣言したのである。この場合の教会とはキリストの身体としての教会と理解され、イエスの母マリアを教会の母として崇敬することが受け入れられたのである。したがって公会議後のマリア研究は、キリスト論・教会論と深い関係を保ったものとしての研究が、その特徴となっている。

カトリック教会はその長い歴史の中で、イエス＝キリストとその救いの業への信仰を深めるにつれてマリアに対する受け止め方も深くなり、各々の時代の教会の使命や証しにそれが反映されてきた。したがって現代のカトリック教会は、これからの人類の救いにおいて、マリアとともにキリストの救いのために祈り、世界の人々への愛のために生きようと努力しているのである。このようなマリアとの一致の下で、キリスト教的救いの完成を希望する理由は単純である。マリアはキリストによって最も確かに、最も完全に救われた人間という恵みを、イエスの母として召されていたことによって受けたと信じられるからである。

ところで、現代のマリア研究に関して大きな発展が見られるのは、教皇ヨハネ＝パウロ二世の回勅「救い主の母」（レデンプトーリス＝マーテル、一九八七年三月二五日発布）の教説ではないだろうか。カトリック教会におけるマリア崇敬およびマリア神学には、その長い歴史の中で行き過ぎや偏りがあったことをカトリック教会も認めており、それに関する教会教導職の批判と刷新の努力は絶えなかったが、回勅「救い主の母」においては、第二バチカン公会議文書「教会憲章」のマリア神学をさらに刷新して、新しい発展を示している。

この回勅は、全体的に聖書の黙想という形式をとっており、その聖書解釈も歴史的かつ批判的解釈学の方法をも取り入れているといえる。またこの回勅は、フェミニスト神学の行き過ぎに対して、女性の神学・マリア神学をカトリック教会の伝統的な教えから見直し、問題の解釈を試みようとしている点にも大きな特徴がある。今日のような女性尊重・女性解放が叫ばれる時代にこそ、教説はイエスの母マリアに対する伝統的な教えを見直し、新しい女性の生き方に方向付けを与えようとしているのである。

教皇回勅は、けっして神学者としての教皇個人の見方ではない。教会の中でマリア研究を進めてきた学者・司教のような教会教導者の考え方を総合し、教皇の最終的な判断をもとに書かれたものである。したがって回勅のあらゆる部分に、その各々のマリア研究の成果が反映していると解すべきであろう。当然、行き過ぎたマリア研究に対する批判も明らかにされており、特にプロテスタントの研究者との対話・一致への努力が、この回勅の特徴の一つにもなっている。

この回勅「救い主の母」は、最も具体的な動機としては次のような考え方にもとづいていると教皇は言う。「今わたくしが同じ主題についてふたたび取り上げようとした背景には、キリスト降誕二千年を祝う二十世紀末が近づいてきたということがあります。これは、とりもなおさず、キリストの母にも目を注ぐことにもなるわけです。最近、わたくしは、いろいろなかたがたから、主の降誕二千年を記念する前に、マリアの誕生二千年を祝うのがよいのではないかという示唆をいただきました」(三)。公会議後、マリアを主題とする教皇文書としてパウロ六世より「クリスティ・マートウリ」、「シーニュム・マーニュム」、「マリアーリス・クルトゥス」の三つが発表されたということからみて、公会議文書「教会憲章」の最終章に発表された公会議のマリア論に対して、教会の内部の研究者の間に未解決な問題があったことや、公会議のマリア論が徐々に発展し、時代に適用されるようになったとみることができる。

一九六〇年代を中心としてプロテスタントのマリアに対する神学的研究も、エキュメニカルな動機にもとづく根本的な見直しの兆しはあった。カール＝バルトの教会教義学（I. 2,198）の第一巻には、マリアの処女懐胎に関する神学的に深い考察が見られる。二、三の注目すべき著作も発表された。

H. Asmussen, “Maria, die Mutter Gottes”, Stuttgart, 1960.

G. Soll, “Abschied von Maria”, Donauwörth, 1974.

W. Boromsky, “Die evangeliscen Christien und die Mariologie” in : ökumenische Information, KVA 22/1974, 9f.

W. Künneth, “Fundamente des Glaubens, Biblische Lehre im Horizont des Jeitgeistes”, Wuppertal 1975, 119.

このような文献を考慮すると、わが国のプロテスタントの牧師・教職のマリア論者の偏見と無知に驚かされることがある。

以後、この回勅の教えを引用する機会は多いが、今、その根本的な特徴を一言で述べれば、聖書をもとにして、マリアの信仰がいかに神の恵みによる純粋なものであるかということをもとにしたマリア研究であるといっていいであろう。アブラハムの信仰に対してマリアの信仰の恵みの限りない偉大さを明らかにするとともに、母としての使命、仲介者としての奉仕の使命などマリア論の伝統的なテーマを、恵みとして受けたマリアの信仰の限りないといっていい深みをもとに研究した成果が、この回勅の教えに取り入れられているのである。このようなカトリック教会のマリア論の解釈は、プロテスタントの神学者たちからも同意を得ることができるのではないかと思われる。

教皇ヨハネ＝パウロ二世は、一九八七年のマリアの年の始まりにあたって回勅「救い主の母」を発表したが、一九八八年八月のマリアの年の終りにあたって「女性の尊厳」と題した使徒的勧告を公開した。書簡は回勅ほどは公式な権威的教説とは受け止められないのが通例であるが、それは教説のテーマの中に、今後の研究を待って別な表現や説明が可能と考えられる内容を含んでいるからであろう。とはいっても、やはり現代のカトリック教会の権威ある教えと考えられるべきである。この書簡の中心テーマはイエスの母マリアであるが、マリア研究をもとにして聖書にもとづいた女性のあり方や使命を説いているところに特徴がある。なお、この書簡の女性観について、女性神学者・フェミニズム運動家などから批判的見方が公表されていることも、今後の課題を残した教皇の教説といえよう。

この書簡も前の回勅同様、聖書的黙想の形で教えが述べられている。聖書をもとにしたマリア研究とともに聖書にもとづく女性についての神学的人間学の研究が、今後ますます重要になってくることが、以上のカトリック教会の公式の教えによって明らかにされたことは確かである。教会はこれからも旅する教会としてマリア研究をさらに深めていく決意を明らかにしているので、プロテスタントまたは一般の研究者に対しても、対話と研究の発展に向けての協力を惜しむものではない。

現代カトリック神学における マリア論　一九六〇年代、第二バチカン公会議を中心にして、マリア論・マリア崇敬の大きな変革が、カトリック教会で始まっている。その変革の特徴をごく単純化していえば、「神の母」マリア論から「教会の母」マリア論への刷新といえよう。イエスの母マリアに対する崇敬という点では変わらないが、イエスの母としてのマリアがイエスの救いの業にどのように与かるのかという点に関する神学的研究における発展にもとづいて、より豊かなマリア論がマリア崇敬の実践を支えるようになったといえよう。このようなマリア論の刷新は、現代におけるキリスト論・教会論・聖書論などの神学的刷新にもとづいて起こったことは確かである。たとえば、公会議を中心に説かれるようになった、いわゆる「下からのキリスト論」の視点に立つとき、伝統的な「神の母」マリア論がより現実的・歴史的に深められて、受肉・救済の神学の中で、イエスの母マリアの使命を考えることになった。第二バチカン公会議において、マリア論が教会憲章の中において教えられたということは、今日のカトリック教会のマリア論の特徴を示している。公会議の論議において、マリア論を独立した神学として維持することの妥当性についての意見は二分されていたが、結局、マリア論を教会憲章の中に含めることになったのである。

では、イエスの母マリアは、教会においてどのような役割を果たすと理解されているのであろうか。その前提となるのは、神の民としての教会論より、パウロの説くキリストの身体としての教会論であり、マリアはキリストの身体としての教会の母として崇敬されるべきと解されるようになったのである。そこで当然のことながら、マリアの母性に関する理解も深められなければならなくなった。マリアのイエスの母としての生物学的な母性を否定することはできないが、生物学的母性の意味は生物学を超えて神学的な意味の神秘にも開かれており、そこにおいてこそ、マリアの生物学的な母性の真の意味が明らかになるのである。それはマリア論をより全体的な神学のヴィジョンの中で論ずることでもある。このような神学的マリア論こそ、マリアを単に歴史的なイエスの生物学的な意味での母と限定する無神論的イエス主義に陥らせることなく、真のキリスト論から見たイエス＝キリストの母としての全貌を明らかにすることになるのである。ウルス＝フォン＝バルタザールやヨーセフ＝ラッツィンガーはこのような教会論にもとづいたマリア論を、一九六〇年代に発表していた。

このような教会論にもとづく神学的なマリア論は、神学的人間論を手掛かりにしてマリア論を発展させた。マリアの受胎告知受容の言葉「お言葉どおり、この身に成りますように」（ルカ一の三八）こそ、神の言葉を受け入れた新しいエバとして新しいアダムの浄配となり、彼の身体となることになる神の救いの恵みとして深く解釈することができるのである。このようにして、キリストの身体としての教会はマリアの人格的存在そのものを通して実現することになったといえるのである。ラッツィンガーは、「マリアはイスラエル自身であり、彼女は人格としての、人格における教会である」とも言う。

別な言い方をすれば、聖書が示す救いの歴史の神学的解釈のために、マリアの存在は重要な意味を明らかにするといえる。たとえば、マリアこそ被造物の救いにおける主体性の保証を示すことになる。マリアの処女性にせよ、母性にせよ、生物学的な現実を超えて、神学的な人間学を通して、人類の救いに対する神学的な深い意味を啓示しているのである。イエスの母マリアのあり方が時代を超えて人類の生き方に意味を持つのは、まさにこのマリアの神学的解釈によって可能になる。

新約聖書におけるマリア崇敬

新約聖書の位置付け　新約聖書はキリストの死と復活の信仰にもとづいて書かれた文書であるから、福音書もパウロの書簡も、今日のわれわれが求めるような史実としてのイエスの生涯を伝えているわけではない。したがってマリアについても、純粋に歴史的な意味でのイエスの母マリアという見方は、新約聖書にはないといってよいだろう。しかし、イエスにせよ、マリアにせよ、単に信仰の生み出した伝説的人物だということはできない。というのは、旧約聖書にせよ新約聖書にせよ聖書の宗教は、特定の宗教的天才の直感や悟りによって組織化されたものではなく、聖書の民の歴史的出来事の体験をもとにして起こった歴史の神への信仰であるから、いかに神秘的であっても特定の歴史的事実と切り離すことはできないのである。

新約聖書の場合は、キリストの十字架の死と弟子たちの復活体験という事実にもとづいた新しい契約の神への信仰が、新約聖書の文書に表現されているのである。その意味では、イエスとマリアの生涯に対する歴史的考察の可能性はある。どのような可能性があるかは、歴史研究家が追究する課題であろう。最近もイエスの歴史的研究の試みの著作が出版され、話題となっている。

ところで、イエスの母マリアの場合、史的な研究は僅かしかない。その最も明らかな理由は、新約聖書のイエスの母マリアについての資料がきわめて限られていることである。さらに、新約聖書におけるマリア神学はイエスの場合ほど明らかにされていないので、限られているということが考えられる。イエスの母マリアの母性に関する神学的考察は原初的段階にあるので、聖書神学の次元においてもまだ展開されていないといってよい。

しかし、いかに新約聖書におけるマリア神学の研究が原初的段階にあるとしても、新約聖書はイエスの母マリアを単に歴史的人物として軽視、または無視しているなどとはいえない。新約聖書におけるイエスの母マリアは、根本的にイエスの復活信仰のもとで物語られている。そこにイエスの母マリアの神秘があるというべきであろう。この神秘のゆえにイエスの母マリアが、単に歴史的人物とは異なる人間として、処女、母などとして語られている。

筆者の認める原始教会のマリア崇敬とは、イエスの十字架の死と復活の神秘の下でのイエスの母マリアの伝承・物語に他ならない。そのような意味での崇敬は、原初的なマリア神学をもとにしているので、そのマリア像に史的考察を加えてみることができると思う。つまり、マリアとは誰かと問うことができるはずである。

イエスの母マリアが、どのようにして人々の崇敬を得るようになったのかは、イエスの母マリアとはどのような人間であったのかを知る上において、きわめて重要な研究テーマではあるが、歴史的イエスに関する研究でさえ困難であるので、マリアに関する伝記的史実などを考証することは、ほとんど不可能に近い。しかし、マリア崇敬の起源を探求するうちに、マリアの生涯に関する事実を間接的に確かめることになるかもしれない。

ところで、歴史的イエスが実証されたとしても、イエスの実存そのものからいえば、それは一つの真理ではあるかもしれないが、それでイエス自身を完全に解明することにはならない。むしろ歴史的イエスよりも信仰のイエスのほうが、イエス自身に関する全体的な真理に触れることになろう。したがってマリア崇敬の研究も、マリア自身の直接的な研究よりもマリアを知る上で重要な意味を持っているといえる。

マリア崇敬は新約聖書にはなく、主に四世紀以降の教父たちの時代に始まったという通説があるが、それはマリア崇敬をどう理解するかによるのである。もし、マリア崇敬を聖人崇拝と完全に同一視してしまうならば、他の多くの聖人とともに、死後、年が経つにつれて崇敬が増し、多様化するということができる。事実、マリア崇敬の歴史にもそのような通則が適用される面もある。

しかし、イエスの母としてのマリアは、人間ではあっても、教会の他の聖人と同列に置くことはできない。その決定的な理由は、エドワード＝スキレベークスによれば、マリア崇敬はきわめて優れたキリスト体験であるからである。[*2] それは、マリア崇敬によって、マリア個人よりも御子イエス＝キリストの救いの業に対する認識と経験を深めることができるからであり、そのために、カトリック教会の歴史において、聖人たちは競ってマリアに対する崇敬と親愛を深めたのである。

マタイの福音のマリア崇敬

マリア崇敬の起源は、当然、新約聖書の時代、明文化されたものとしては四福音書に見出すことができるのである。マリア崇敬を後のカトリック教会の創造とするプロテスタントの偏見や、長い間、四福音書におけるマリア崇敬の考察を怠ってきたことに対して、一部の神学者を除いてあまり反省されていないことは、きわめて残念なことである。以下、最近のマリア研究者の所説に従って、簡単に四福音書におけるマリア崇敬をたどってみる。

マタイの福音においては、ヨセフを物語の中心としてイエスの誕生・幼少期の出来事が物語られていることが、ルカによるイエスの誕生・幼少期の福音との大きな違いである。マタイにおいては、いわゆる養父ヨセフの行動が多くの場面において中心的であるが、例外とも見えるのは、東方の三人の博士たちの礼拝の物語である。ヨセフが東方からの博士たちに会ったことは記されていないし、博士たちは「家に入ってみると、幼子は母マリアと共におられた」（マタイ二の一一）だけであり、イエスだけではなく、イエスとマリアを礼拝し、贈り物を献げている。このことから、マタイの福音書が書かれる以前に、すでにイエスの母マリアに対する崇敬が伝承として存在していたことが考えられる。マタイの福音による誕生・幼少期物語におけるヨセフの大きな役割にもかかわらず、この三人の博士たちの礼拝においては、マリアはイエスとともに、ヨセフとは比べられないほど大きな栄誉を受けているからである。その理由は、マリアが単にイエスの生母であるからとはいえない。救い主としてのイエスの母に対する敬意の現れである。

また、マタイの福音書がユダヤ人の男性中心の社会を反映していることが明らかであればあるほど、ヨセフがマリアの受胎告知の神秘を彼女から直接知らされないという物語は、すでに、マリアをまったく別格な女性として考慮していることにならないだろうか。ルカの福音がマリアを「主のはしため」として物語っていることに比べれば、マタイの福音におけるマリアは、すでにイエスの母としての高貴な取り扱いを受けているかのようである。その結果として、ヨセフは夫としての権威より聖なる母子に仕える信仰の人として、「夫のヨセフは正しい人」との評価が先行したのではないだろうか。ヨセフの父としての権威を感じさせる言葉は、マタイよりも後に書かれたルカの福音のイエスの幼少期物語の、次の一句であろう。「なぜこんなことをしてくれたのです。ご覧なさい。お父さんもわたしも心配して捜していたのです」（ルカ二の四八）。

以上の考察から、マタイの福音書のイエスの誕生・幼少期物語は、すでにイエスの母マリアに対

する崇敬の伝承にもとづいて書かれたものであることを推測することができる。マリアの言葉をまったく伝えていないマタイによる誕生・幼少期の福音が、このようにマリアへの特別な崇敬を秘めていると考えるなら、マリア崇敬は原始教会にすでに始まっていたと考えるべきであろう。

ルカの福音のマリア崇敬

マタイと同様ルカの福音にも、イエスの誕生・幼少期物語がある。ルカの福音におけるマリア崇敬は、マタイとは違ってはっきりとした表現を遺している。それは、マリアのエリサベト訪問の物語に見られる。マリアの訪問を受けたエリサベトは、「聖霊に満たされて、声高らかに言った。『あなたは女の中で祝福された方です。胎内のお子さまも祝福されています。わたしの主のお母さまがわたしのところに来てくださるとは、どういうわけでしょう。』」（ルカ一の四一－四三）と述べている。

ここで注目すべきことは、マリア崇敬の起源が聖霊の働きにあるということだ。後のカトリック教会において盛んになった、マリア崇敬の起源を人間学的・文化的要素によって説明することが、今日、教会以外では一般化しつつあるが、原始教会におけるマリア崇敬が聖霊に動かされた新約聖書の信仰に属していることは、偏見なく聖書を読む者には疑いえない。したがって今日でもマリア崇敬・マリア論の研究は、聖霊の助けのもと、信仰にもとづく神学的研究が重視されねばならない。

次に、マリア崇敬の本質的内容が「主の母」という点にあることも、意味深いことである。エリサベトはマリアが誰であるかを、親族の一人として誰よりもよく知っていたであろうが、マリアを「わたしの主の母」として信じて見直している。それは、聖霊の光をもとにした決定的な救いの歴史のヴィジョンに立って初めて可能なことである。エリサベトは後の洗礼者ヨハネをすでに胎に宿しており、「あなたの挨拶のお声をわたしが耳にしたとき、胎内の子は喜んでおどりました」（ルカ一の四四）という体験も、マリアの受胎に救いの決定的な出来事への信仰があることを示しているといえよう。したがって「主の母」としてのマリア崇敬は、神の救いの歴史に対する信仰の表現としてのみ考えられる。

さらにエリサベトは、マリアの中にこの神の決定的な救いに最も確かに与かった者としての幸せを見ていることは、「あなたは女の中で祝福された方です」（ルカ一の四二）という挨拶の言葉によって明らかである。神の救いの計画からマリアを見ること、神の救いの恵みの中でマリアを賛えること、この二つの要素は後のカトリック教会の中でのマリア崇敬の発展に一貫して見出すことができる。このようにルカの福音は、マリア崇敬の起源を最も明らかに示している原始教会の伝承を伝えている、ということができるのではないだろうか。

「マリア賛歌」とマリア崇敬

受胎告知物語がマリアの信仰を賛えるマリア崇敬を表しているということは、エリサベト訪問物語におけるエリサベトの言葉から明らかになった。ところで、神の民イスラエルから見て、マリアはどのような女だったのであろうか。受胎告知物語においてマリアは「ガリラヤのナザレの少女」という言葉しかないが、ルカのマリア崇敬は単にナザレのマリアという抽象的な歴史性のレベルにとどまるものではない。むしろマリアの中に、「イスラエルの女」という神の民の神学的な歴史の中での神の恵みを賛えることにこそ、ルカのマリア崇敬の本質が現れている。それを示すのが「マリア賛歌」に他ならない。受胎告知の物語のマリアとマリア賛歌のマリアは、同一人物ではないのではないかと疑われるほど、マリア賛歌の信仰告白は単にナザレのマリアではなく、イスラエルの民の救い主信仰のまったくオーソドックスな表現をとっている。考えようによっては、エリサベト訪問の物語は、新約における神の民の信仰告白の歌として書かれたのではないかとさえ思われる。聖書学者の諸説には、この間の事情を解明しようというい ろいろな試みがある。

「力ある方が、わたしに偉大なことをなさいましたから。その御名は尊く、その憐れみは代々に限りなく、主を畏れる者に及びます。
主はその腕で力を振るい、思い上がる者を打ち散らし、
権力ある者をその座から引き降ろし、身分の低い者を高く上げ、
飢えた人を良い物で満たし、富める者を空腹のまま追い返されます。
その僕イスラエルを受け入れて、憐れみをお忘れになりません、
わたしたちの先祖におっしゃったとおり、アブラハムとその子孫に対してとこしえに。」
（ルカ一の四九―五五）

ルカのマリア崇敬は、このようにイエスの母マリアに対する崇敬にとどまらない。イスラエルの民に対する神の恵みへの感謝にもとづいている。したがってルカのマリア崇敬は、旧約・新約を通しての人類に対する神の救いの業を賛える壮大なスケールにもとづくことが、このマリア賛歌によってわかる。

マリアの受胎承諾の信仰の恵みは、実に、貧しい者、弱い者を解放という神の恵みに他ならないことが、五一節から五三節の賛美の言葉によって明らかにされている。したがってマリアは、その恵みによってイエスの母となったのであるから、この賛歌を「身分の低い、主のはしため」として歌い始めたのである。貧しいゆえに恵まれたイスラエルの女としてのマリアこそ、救いの歴史とし

ての聖書が伝えるイエスの母マリアである。このマリア賛歌に、マリアの神学的生い立ちを読むべきではないだろうか。「今から後、いつの世の人もわたしを幸いな者と言うでしょう」（ルカ一の四八）という彼女の幸福は、確かにイエスの母としての幸せには違いないが、単に生物学的な母性を思わせる言葉ではない。マタイの福音におけるように、三人の博士の礼拝の対象となった高貴な母性（マタイ二の一一）も、いかに神の限りない恵みによるものであるかを、ルカは強調しているのであろう。

誕生物語におけるマリア

マタイのイエス誕生物語における中心は、ヨセフへのいいなずけマリアの受胎告知をイザヤのインマヌエル預言をもとにして、新約の救いの出来事として強調することにあった。それは、俗説的な単なる処女性賛美の神話などではなく、新約の救いの決定的な出来事におけるマリアの関わりに対するマリア崇敬ということができる。マリアがイエスの母として選ばれたのは、あくまでも「神は我々と共におられる」（マタイ一の二三）という神による決定的な救いのためであるがゆえに、生物学的な意味での出生の現実も神学的な次元で賛えられているのである。

したがってルカの福音の誕生物語も、その中心は救いの賛歌であることは「いと高きところには栄光、神にあれ、地には平和、御心に適う人にあれ」（ルカ二の一四）という句から確かである。しかも、この福音が貧しい羊飼いに伝えられていることは、マリア賛歌のいう貧しい者の救い主なる神にふさわしいに違いない。しかしルカは、馬小屋における乳児イエスを具体的に語ることによって、マリアの母性の生物学的現実をも視野に入れている。「マリアは日が満ちて、初めて子を産み、布にくるんで飼い葉桶に寝かせた」（ルカ二の六―七）。ここで初めて、生物学的なマリアの母性への原始教会の崇敬が感じられる。そしてマリア崇敬の神学的本質は、この生物学的なマリアの母性を軽視したり、無視したりすることにはならないことも明らかになる。信仰の母マリアは、まさにイエスの肉体的な母マリアであるがゆえに、マリア崇敬は聖なる母子崇敬を中心に、後の教会の歴史の中において発展していくのである。

ところで、ルカのイエスの誕生物語においては、馬小屋誕生におけるマリアには、聖霊も天使も現れていない。「その子は偉大な人になり、いと高き方の子と言われる。神である主は、彼に父ダビデの王座をくださる。彼は永遠にヤコブの家を治め、その支配は終わることがない」（ルカ一の三二―三三）と告げられていた。それを思い起こせば、わが子の貧しい誕生の現実は、まずマリアの信仰に対する試練ではなかったろうか。「布にくるんで飼い葉桶に寝かせた」（ルカ二の七）わが子を眺めながらダビデの王座に座る永遠の主を信じるには、いかに深い信仰が求められているかをマリアは思い知らされたことであろう。飼い葉桶の傍らで、貧しい、野宿していた羊飼いに現れた天使の言葉を伝えられたとき、マリアはひたすら神の言葉にすべてを委ねる以外になかったのである。「マリアはこれらの出来事をすべて心に納めて、思い巡らしていた」（ルカ二の一九）と、ルカはイエスの誕生物語を結んでいる。この一句には、ルカの福音におけるマリア崇敬、特に聖母子崇敬の揺るがざる証しを見ることができよう。

マタイ、ルカの幼少期の福音におけるマリア　最も古いとされるマルコの福音が、イエスの誕生・幼少期を載せず、十字架の下に立つ聖なる婦人たちの中にもイエスの母の名を明らかにしていないとしても、ルカの福音が書かれた時代までに、マタイの福音書より前の比較的早くに、原始教会の中でマリア崇敬が生まれてきたことは疑いえない。ルカの福音の神学、特にマリア崇敬の神学的考察は後に試みるとしても、ルカによる幼少期物語は共観福音書の中ではマリア崇敬を最も明らかにしている。それは、マタイの福音による幼少期物語と比べてみれば明白である。二つの福音の神学の違いは考慮されるべきであろうが、マタイの福音における幼少期物語においては母マリアの役割はほとんど具体化されていない。ルカの福音によってイエスの母マリアに対する原始教会のマリア崇敬も、具体性と深みを増しているからである。

ルカにおける幼少期物語において、原始教会はマリアの母親としての意識や使命感という点からマリアに注目し、彼女への崇敬を抱き始めたことがわかる。そこに、まさにイエスの母マリアに対する崇敬の特徴を見出すことができる。それは、自然的な意味での母性崇拝などに還元しえない、福音にもとづいた信仰の母マリアである。ということは、自然的な意味での母親らしさが排除されているというような偏った信仰主義的解釈を正当化しえない。

まず注目したいことは、馬小屋誕生の物語同様、神殿においてマリアにもヨセフにも、シメオンやアンナのような聖霊の照らしはまったく与えられていないということである。清めのために神殿に上ることも、イエスが一二歳の時の出来事として語られている。過越祭のエルサレム巡礼にしても、一般のイスラエル人同様、律法に従って行動しただけである。その限りにおいて、マリア崇敬など生まれることはありえないはずである。だからといって、マリアやヨセフのシメオンへの預言への無感動も、一二歳の時のイエスへの無理解（ルカ二の四九）も単なる史実と受け止めて、原始教会にマリア崇敬などありえなかったと断言できるであろうか。ナイーブな聖書主義的解釈は、誕生・幼少期物語の神学的意味を見過ごしていることが多い。

後に教会の歴史を通して盛んになる「悲しみの母マリア」としてのマリア崇敬は、ルカの福音の神殿でのイエスの奉献に際して述べられたシメオンの、イエスの受難の預言に続く「あなた自身も剣で心を刺し貫かれます」（ルカ二の三五）という言葉が聖書的根拠となったと思われる。マタイの福音においては、イエスの誕生と幼少期の出来事は、イエスが幼少期においてすでに死の危険にさらされていることが中心テーマとして物語られている。つまり、イエスに殺意を抱くヘロデ王から逃れるために、マリアはイエスとともにエジプトに逃亡しなければならなかったことが述べられている。ベツレヘム周辺の二歳以下の幼児が一人残らず殺害されたことによる母親たちの悲鳴の物語は、イエスの母マリアとまったく無縁な出来事と考えることはできない。マタイの福音においてイエスの母マリアは何も語らないだけに、エレミヤの預言の子どもを失って慰めを受け入れない母親の悲しみの言葉に、十字架においてわが子を失うマリアの母親としての悲しみを合わせて考えることもできるであろう。

いずれにしても、イエスの母マリアに対する崇敬に「悲しみの母」のイメージが秘められていたからこそ、後の教会のマリア崇敬においてそれが発展させられていくのである。ルカの福音のイエス一二歳の時のエルサレム巡礼に際して、マリアがイエスを見失ったことの苦しみと再会の物語を、マリアにとっての死と復活の出来事の前表的表徴とする解釈を、聖書学者は示している。

マタイやルカの福音書が誕生・幼少期物語をもって始められていても、福音書はけっして伝記的作品ではなく、イエスの十字架の死と復活による人類の救いの福音であることを考え合わせるとき、幼少期において単に育児や教育に励むマリアが崇敬の中心になることはありえないであろう。共観福音書のマリア崇敬は、救いの歴史神学を反映しているのである。

受難記におけるマリア

ミケランジェロの「ピエタ」像に心を動かされない者は少ないだろう。イエスの母マリアの十字架の上で死んだわが子イエスに対する態度は、あれ以外にありえないだろうと感動させられるに違いない。しかし、そうだとしたら、四つの福音書における受難記が、ヨハネを除いては、イエスの母マリアについてまったく語らないのはなぜであろうか。その根本的理由は、原始教会とミケランジェロの時代の教会との間には、イエスの受難と死に関する考え方に大きな違いがあったからである。それは、原始教会はイエスの死を復活から考えていたのに対して、ミケランジェロの時代の教会は死そのものに対する人間的な黙想を深めながら復活を信じていたという違いがあったからといえよう。

それを証しするのは、まず受難記の文体であるといえる。イエスの受難と死を、単に歴史的現実として伝えるとすれば、あのように冷静で、しかも極端な罪悪感にも動かされずにイエスの死を語るなどということは、ありえないのではないだろうか。あの不当な裁判、ローマ法の極刑ともいうべき残酷で悲惨な処刑を、イエスに対するどのような信仰によって、淡々と、冷静に、客観的に物語ることができたのであろうか。それは受難記が、イエスの復活の信仰を生きていた原始教会の深い信仰にもとづいて書かれたからである。

そのような原始教会におけるマリア崇敬は、どのようなものとしてありうるのであろうか。神ではあっても、十字架の上で死を受けるためにマリアがその母となったというマリア観は、イエスの死を復活から切り離して考えさせやすい。復活したイエスからその死を考え、その母マリアを考えるとしたら、マリアの母性を単に肉体的な次元のみに捨て置くことはできないであろう。イエスは死を通して復活し、全人類の救い主となったのである。原始教会には、確かに現代のような代理母という考えはなかった。マリアは単に人間イエスを産むだけの女と考えられるはずがなかったとすれば、マリアが血を分けたわが子の受難と死のためにのみ涙する姿だけを想像することはできなかったであろう。共観福音書の受難記には、十字架の下にいた婦人たちの中にイエスの母が名指して語られていない。このことは深く留意すべきである。

ところで、ヨハネの福音書においては、十字架の上からイエスが母マリアに語りかけているが、それは悲しい別れの言葉などではない。イエスも母も神的な威厳に包まれているような印象を受ける。

いずれにしても、共観福音書の受難記にイエスの母マリアに対する言葉がまったくないということは非常に意味深い。マリアは御子の受難、十字架の死においてこそ、御子と一体となり、父なる神のみ旨に従って、人類の罪の贖《あがな》い、救いの恵みを受けるために、己を無にしたのではないだろうか。受難・処刑に当ってのイエスの沈黙、またそのイエスの辱めと苦しみを、マリアもイエスのように無言のうちに忍ばれたのであろう。それによって彼女は、最も深く、最も完全な意味で御子に一致して救いの恵みに与ったのである。その意味では、受難記におけるイエスの母マリアの完全な無視こそ、原始教会におけるマリア崇敬の神学の出発点と考えられるべきである。後の教会における行き過ぎたマリア信心の母性信仰、マリアの神格化などの批判を呼ぶ逸脱を改めるために、また今日におけるマリア崇敬の正しい進展のためにも、共観福音書におけるイエスの母マリアの無視、不在こそ、マリア崇敬の最も豊かな源泉とならなければならない。

共観福音書のイエスの公生活とマリア　マタイ、ルカのイエスの誕生・幼少期物語を除き、マタイ、マルコ、ルカに共通する、いわゆるイエスの救い主としての公生活の物語においても、すでにマリアはほとんど無視されているといってもいい。マルコの福音書において最も明らかなように、公生活でのイエスの言行は、受難と死に向けて物語られているようである。したがってイエスは、民衆のイエスの母マリアの母性賛美をたしなめていることを、ルカの福音書は次のように伝えている。

イエスがこれらのことを話しておられると、ある女が群衆の中から声高らかに言った。「なんと幸いなことでしょう、あなたを宿した胎、あなたが吸った乳房は。」しかし、イエスは言われた。「むしろ、幸いなのは神の言葉を聞き、それを守る人である。」

（ルカ一一の二七―二八）

さらにイエスは、イエスとマリアの親子関係の重視に対してさえ、厳しい無視の態度を示したことを共観福音書は伝えている。

イエスの母と兄弟たちが来て外に立ち、人をやってイエスを呼ばせた。大勢の人が、イエスの周りに座っていた。「御覧なさい。母上と兄弟姉妹がたが外であなたを捜しておられます」と知らされると、イエスは、「わたしの母、わたしの兄弟とはだれか」と答え、周りに座っている人々を見回して言われた。「見なさい。ここにわたしの母、わたしの兄弟がいる。神の御心を行う人こそ、わたしの兄弟、姉妹、また母なのだ。」　（マルコ三の三一－三五）

同様にそれは、マタイ一二の四六－五〇、ルカ八の一九－二一にも述べられている。これらの言葉は、肉体的な意味でのマリアの母性の完全な無視とはいえないが、マリアが純粋に信仰をもって生きていることを、イエスが弟子や人々に示したものである。

一方、ヨハネの福音には、イエスの公生活の始まりの物語、すなわちカナの婚宴での出来事の物語において、イエスの救いの業にマリアが弟子以上に関わっていることが明らかにされている。

三日目に、ガリラヤのカナで婚礼があって、イエスの母がそこにいた。イエスも、その弟子たちも婚礼に招かれた。ぶどう酒が足りなくなったので、母がイエスに、「ぶどう酒がなくなりました」と言った。イエスは母に言われた。「婦人よ、わたしとどんなかかわりがあるのです。わたしの時はまだ来ていません。」しかし、母は召し使いたちに、「この人が何か言いつけたら、そのとおりにしてください」と言った。（ヨハネ二の一―五）

このヨハネの福音の物語は、共観福音書とは違って、マリアがイエスの弟子たち以上に、原始教会において崇敬を受けていたことを示している。しかし、イエスのマリアに対する言葉は意外にも厳しく、マリアに深い信仰を求めている。その信仰とは、イエスの「時」、つまり死と復活を通して神の栄光が現れるまでの救い主としてのイエスに対する信仰である。共観福音書において、イエスはこのマリアの信仰こそマリアの母性の本質的要素であることを明言したかったのである。

こう考えると、共観福音書における、イエスによる母マリアに対する無視に近い態度を伝える物語は、逆にマリアに対する崇敬をも示しているといえよう。それは信仰の母としてのマリアへの崇敬をイエスが示した最も重要な証しである。

イエスの復活とマリア　共観福音書では、イエスの十字架の下にいた婦人たちの名の中に、イエスの母マリアの名はない。イエスの復活時の物語には、ヨハネのそれにおいても、イエスの母マリアと復活したイエスとの出会いの話はない。イエスの母マリアは、三日目にイエスの墓に

行ってはいない。墓に行ったり、復活したイエスの出現を見たのは、マグダラのマリアと弟子たちでしかない。この事実は、原始教会においてマリアは、弟子たちとは比べられない信仰の母としての崇敬を受けていたことを裏書きしていると考えるべきであろう。その理由は、弟子たちとマリアでは教会に対する関わり方が違うからである。

この点の理解のためには、パウロの言うキリストの身体としての教会観を思い起こすべきである（一コリント一二の一二―二七）。イエスの母マリアは信仰にもとづく母性に生きる限り、キリストの身体としての教会に対して、使徒たちとは異なった深い関わりを持っていることは明らかである。また、イエスの母マリアは復活したイエス個人ではなく、キリストの身体としての教会とともに生きるべきなのである。それはヨハネの福音書が伝える、十字架の下におけるイエスの言葉から明らかになる。

　イエスは、母とそのそばにいる愛する弟子とを見て、母に、「婦人よ、御覧なさい。あなたの子です」と言われた。それから弟子に言われた。「見なさい。あなたの母です。」そのときから、この弟子はイエスの母を自分の家に引き取った。　（ヨハネ一九の二六―二七）

物語としては死と復活は分けて語られるが、現実としてはキリストの死と復活は一つの出来事であるはずである。墓が空であったという復活物語は、この現実を前提として可能である。その意味で、マリアは御子の十字架の死において、すでに復活の信仰の恵みを受けていたのである。

こう考えると、原始教会におけるイエスの母マリアに対する崇敬は、単に十字架の死までの、いわゆる歴史的イエスの母に対する崇敬ではなかったはずである。ルカの福音においてマリアの訪問を受けたエリサベトは、すでにマリアに対して「主の母」という崇敬の呼び名を用いている。主とは、復活したイエスに対する正式な呼び名であることは、パウロの手紙（フィリピ二の一一）から明らかである。ルカの福音は、この手紙より後に書かれたものである。

イエスの母マリアは、受難・十字架の死を、ただわが子への愛の次元を超えて、父なる神と一体となったイエスによって示された神の人類への極みまでの愛に、自分のすべてを献げたのである。それは、十字架の死を前にしたイエスのもとで完うされたのであろう。このようなマリアが、いかに深くイエスの復活という出来事に関わっていたかは、神秘という以外にない。

イエスの復活後のマリアの動きについて、使徒言行録が一つのことを伝えている。使徒たちは天に昇られる主を見送った後、彼らが泊まっていた家に集まった。そのときの状況は、次のように述べられている。

彼ら（使徒）は皆、婦人たちやイエスの母マリア、またイエスの兄弟たちと心を合わせて熱心に祈っていた。
（使徒言行録一の一四）

使徒言行録とルカの福音は同じ著者で、使徒言行録は福音に継続した物語であるといわれている。もしそうだとすれば、ルカはイエスの死と復活の後、マリアについて初めにして最後として、このマリアがイエスの弟子たちや婦人たちとともに聖霊を求めながら祈っていたということを伝えているということになる。

ということは、ルカのマリア崇敬という点に関する限り、この物語のシーンは大きな意味を持っていることが考えられる。まず、イエスの母マリアとしては、聖霊によってみごもった御子との決定的な出会いを求めていたということになろう。また、イエスの十字架の死と復活も昇天も、それによってマリアに宿った御子の真の姿を、マリアが認められるようになることを求めていることになる。

次にマリアは、イエスの公生活、受難のときとは違って、使徒たちやイエスに従う婦人たちとともに祈っていることによって、単にイエスの母ではなく、イエスを信じる信仰共同体と一体となり、その母となることに目覚め始めていることも示されている。それによって使徒言行録は、イエスの母マリアから原始教会の母マリアに対する新しい崇敬を示しているということができる。第二バチカン公会議は、マリアを教会の母と呼んでいる。

以上、イエスの死後、七、八〇年の間に存在していた教団が伝えた文書、主に福音は、イエスの母マリアを、史実を詮索したり、空想を交えて救い主の母として伝説的な物語にすることなく、救い主イエス＝キリストへの信仰をもって理解し、伝えていることがわかる。福音書におけるマリア崇敬は、救い主イエスに対する原始教会の深い信仰から生まれたものであり、史実や伝記的関心はもとより、英雄的な美化や神格化などとはまったく無縁なものである。

したがってこのようなマリア崇敬は、これからのマリア研究に根本的な方向付けを与えるものとして重視されなければならない。マリア崇敬は、イエスの父なる神と救い主イエスに対するわれわれの信仰を深めることにも役立つ。マリア崇敬を通して真のマリアに触れるとき、いかに彼女が慎み深く、われわれに信仰の母として仕えてくれることを感じさせられるのである。このマリアの信仰は、どのような無神論的世代をも揺り動かし、人間を真の人間として自己回復させることができ、また人間としての根本的な生き方に関わる人類の救いをもたらすに違いない。

したがってカトリック教会は、救い主イエスとともに、われわれの信仰の恵みの母としてマリアに対する崇敬を、福音宣教とともに伝えてきたのである。マリア崇敬は、現代の著名な神学者エドワード＝スキレベークスが言うように、キリスト体験に属するとさえいえるのであろう。カトリック教会は伝統的に、このマリアとの交わりにおいて、救いの恵みの取次者としてイエスに深く結ばれた恵まれたマリアを崇敬している。

　これからの人類の救い、すなわち人類完成のために、一人の貧しい女性が選ばれたということは、女性のあり方と使命を新たに深く考えさせるのではないだろうか。そのためにこそ、女性は神に向けて解放されるべきなのであって、今日の女性運動に真の目標を与えるものであろう。

マリア崇敬におけるマリアの生涯

マリアとは誰か

　聖書の神を信じない現代人にとって、「マリアとは誰か」という問いに対する満足のいく答えを聖書に見出すことは、きわめて難しいはずである。新約聖書の中で最も明らかにマリアについて語る福音書が、そのような問いに答えるよりも、マリアに対する崇敬の言葉しか伝えていないからである。聖書の文脈から考えれば「イエスの母マリア」という呼び名すら、現代人一般が考えるように単なる肉体的母性に限定することは不自然であろう。イエス＝キリストとその救いのすべてが、神の恵みの出来事として、救いの福音として伝えられているのであるから、単に人間論的にマリアがどのような人間であったのかという問いに直接答えることはない。むしろ、マリアとは誰かという問いに対する最も現実的な答えは、神に恵まれた者という以外になかったのである。

したがって、福音書がマリアを伝えるには、彼女が受けた恵みの限りなさのゆえに、崇敬以外にはありえないのだろう。ルカの福音は天使がマリアに初めて語りかけるに際して、「おめでとう、恵まれた方。主があなたと共におられる」（ルカ一の二八）というマリア自身を当惑させる言葉を伝えているほどである。このマリアへの祝詞は神自身からのものであるがゆえに、マリア自身もすべての人間も、マリアが誰であるかは神から知る以外にはないといえよう。それ以外の知り方があっても、それによってマリアが誰であるかを真に知ることにはならない。マリアが人間であることは確かであるが、神の純粋な恵みによる存在としてしか知りえないとすれば、まったく独特な人間という以外にない。言い替えれば、マリアに対する伝記的な研究もマリア自身をあるがままに伝えることにはならない、という独特さを持つのがマリアである。

この前提は神への信頼なくしては厳格に保持することはできないので、マリア研究はきわめて困難な試みである。そのために、マリアを安易に神格化したり、また極端に人間化したりする。その結果、さまざまな神話や伝記的物語が、歴史上、あとを絶たないのは致し方ない。カトリック教会の歴史においても、神話や伝説、および迷信的な信心がなかったわけではなく、教会はそのような行き過ぎに対する批判や警告を、絶えずしてきたのである。他方、純粋な信仰の下で、神がマリアに与えられた恵みを黙想し続ける教会は、聖書をもとにして、ますます「恵まれた者マリア」の真実に近づいてきたことも確かである。

いかにマリアを知るか

新約聖書がマリアの生い立ちや受けた教育、イエスとマリアの具体的な交わりについてほとんど述べず、マリアへの崇敬のみを展開させたことを思うと、マリアを真に知る道はまったく不可能に思われる。しかし、現代の著名な神学者エドワード＝スキレベークスの言葉によれば、マリア研究は「神の恵みの解釈学」という観点から促進することができるのである。つまり、イエス＝キリストの救いによって示された神の恵みを解釈することを深めるにつれて、恵まれた者としてのマリアを知ることになるからである。逆にマリアを知る努力は、イエスを知り、キリストとの一致をも深めるのである。これは現代のマリア神学の一つの根本原理ということができよう。また、この原理によって、カトリック教会の長い歴史におけるマリア論やマリア崇敬の多様性をも説明することができる。

そこで本書では、まず新約聖書のテキストの批判的解釈にとらわれず、書かれた文書の奥に、文学的、また神学的解明を試みながら、キリストの救いの恵みの解釈学に従って、マリアを知る道を求めてみることにする。

歴史的に見れば、確かに、ナザレのイエスの母マリアとして、今日のキリスト教会において救い主イエスの母と呼ばれて尊敬されている女性のことを研究するのが自然である。だが、マリアについての独特な問題は、彼女は単に歴史的人物として教会の他の聖人たちのように愛されているだけではないということである。イエス＝キリストを信じる者にとってマリアは、救い主の母としての信仰上の存在として歴史を超えた女性としての現実感がある。

そこで、純粋に歴史的に、ナザレのイエスの母マリアがどのような人物であったかという研究や、マリア崇敬はどのような歴史的・文化的状況の下に発展したかという研究も、キリスト者にとってのイエスの母マリア、聖母マリアの現実感を解明することにはならない。そのためには、むしろ信仰の立場の理解をもとにして、マリア研究をする以外にないのである。聖書がマリアをどのように語っているか、今のキリスト教会はマリアをどのように信仰しているか、マリア崇敬を生き生きとしたものにしている聖霊についてなど、神学的な分野からマリアを研究していく以外にない。

そこでまず、聖書からマリアをどのように知ることができるかを述べてみたい。ただし、本書のマリア研究は、今日の聖書学的知識を無視するものではないが、それにとらわれず、前述のような神学的な原則に従って考察を試みるつもりである。

最後に、崇敬という言葉について一言すれば、それは今日の教会のマリア信心において用いられるような固定したものではない。救いの恵みから見て、イエスの弟子たち一般にはない特別な配慮を、福音書の記述の奥に読み取ることでしかない。それは、福音書がマリアについて語らないこと、または明らかな無視や、きわめて僅かな言葉などからの想像、思索にもとづくマリアの存在への評価と尊敬であるといってもいい。

パウロとイエスの母マリア　新約聖書の最も古い文書は、使徒パウロのテサロニケの信徒への第一の手紙だといわれている。コリントの信徒への第一の手紙などには、パウロ自身、他の使徒たちから伝えられたことがあったことも述べられているので、書き遺された文書から見るかぎり、パウロは生前にイエスとその母マリアについて知りうる立場であったはずである。しかし、パウロが使徒としての自分の資格を主張するのは、他の使徒と同様、復活したイエスの出現に根拠を置いている（一コリント一五の三―一一）。

したがってこのパウロの手紙には、イエスの母マリアに対する崇敬を示す言葉はまったく見られない。しかし、崇敬の言葉はないとしても、パウロにとってのマリアは、イエス＝キリストの解釈学的原理としてまったく働いていないとまでいえるのであろうか。言い替えれば、復活したイエスを信じるパウロにとって、イエスの母マリアの役割は何もないと考えられていたのであろうか。そこまでいうのは、不当である。

パウロはコリントの信徒への第二の手紙において、イエスの十字架の死と復活の出来事を述べた後、復活した主とともに生きるようになったので、「今後だれをも肉に従って知ろうとはしません。

肉に従ってキリストを知っていたとしても、今はもうそのように知ろうとはしません」(二コリント五の一六)と主張している。肉とは、聖霊に従って生きていない人間の自然的な生き方全体を示すパウロの用語である。この言葉に従えば、パウロは十字架の死以前のイエスとマリアの関係を、単に自然的な親子関係として見るだけに留まってはいないということになる。

そうだとすると、ガラテヤの信徒への手紙の第四章にある「しかし、時が満ちると、神は、その御子を女から、しかも律法の下に生まれた者としてお遣わしになりました」(ガラテヤ四の四)という信仰告白にある女も、その子として律法の下に生きたイエスも、「肉」において知っているのではなく、信仰の恵みを与えた聖霊によって見直していると解すべきであろう。ということは、パウロにとってのマリアは、復活したイエスにとっての母としてしか考えられないということである。したがってパウロは、単なるナザレのイエスの母マリアについては語らないのである。

この信仰は、後に書かれた四つの福音書の著者にも受け継がれているはずである。マタイやルカによるイエスの誕生・幼少期物語が、単なる伝記的関心によって書かれたものでないことは確かである。確かにパウロは、イエスの誕生・幼少期におけるイエスの母マリアをテーマとして、キリストの復活の福音を伝えようとはしない。彼は復活したイエスの生命に生きる信仰共同体の新しい生命力に目を奪われていたので、そのような共同体(原始教会)を「キリストの身体」として賛えていたのである。だが、そのような見方において、イエスの母マリアはまったく思い浮かばない存在だったのであろうか。そこまではいえないであろう。

パウロはガラテヤの信徒への手紙の第四章で、二人の女の表徴をもとにして、原始教会を母として語っている。「天のエルサレムは、いわば自由な身の女であって、これはわたしたちの母です」（ガラテヤ四の二六）。この言葉の前に、この二人の女は二つの契約を表しているという。一つはシナイ山に由来するもので、他はキリストの血によって結ばれた新しい契約を表しているが、パウロはそれを天のエルサレムと表徴的に呼んでいる。この天のエルサレムが、新しい契約の民を意味していることは確かであろう。パウロはこの新しい契約の民を自由の女として賛えるだけではなく、「これはわたしたちの母である」とも言う。この新しい契約の民の多産性こそ、母性による表徴がふさわしかったのであろう。しかもこの母性は「夫ある女よりも、多くの子を産む」（ガラテヤ四の二七）、神の恵みの豊かさを表徴する母性なのである。

パウロの手紙にイエスの母マリアの名が見られないという事実によって、パウロがマリアについて無知であったとか、マリアをまったく無視していたと言い切る聖書解釈に従うのでなければ、教会の母マリアという見方がパウロの思想にまったく異質的なものであるとは言い切れないのではないだろうか。聖書のテキストそのものを重視することから、深く、正しい意味を読み取る努力を惜しんではならない。

マルコとマリア

　マルコの福音書の著者は、マリアをどう見ていたのだろうか。現代のマルコの福音書の解釈学からは、まったく無意味な設問として排されるかもしれないが、以下の考察を試みてみたい。

　パウロはコリントの信徒への第一の手紙のはじめの二章において、自分の使徒としての役目をキリストの十字架の死に集中する意向を、強烈な言葉で述べている。マルコの福音を通観するとき、この福音書の典型ともいわれる文書は同じような原則に貫かれていることがよくわかる。マルコの福音のイエスの公生活の物語は、すべてイエスの十字架の死に向かって計画的に語られていることは明らかだからである。マルコによれば、イエスの福音は神の国の福音である。その神の国はイエスの十字架の死と復活において実現するのであるから、イエスの説教のメイン・テーマは、「時は満ち、神の国は近づいた。悔い改めて福音を信じなさい」（マルコ一の一五）という宣教開始の言葉に要約されているのである。

　イエスの公生活の物語は、ガリラヤからエルサレムに向けて進められ、地理的にも、イエスが自分の十字架の死と復活によって、神の国の到来をもたらしたことを証ししようとしている。このような神の国の神学においては、イエスの母マリアは直接大きな役目は果たしていない。

　だが、マルコの福音の神の国の教えには、もう一つ表徴的なメタファーがあることに留意すべきである。イエスは福音宣教のはじめ、洗礼者ヨハネとはまったく異なった存在、すなわち真の救い

主として、次のように語っている。

花婿が一緒にいるのに、婚礼の客は断食できるだろうか。花婿が一緒にいるかぎり、断食はできない。しかし、花婿が奪い取られる時が来る。その日には、彼らは断食することになる。

（マルコ二の一九―二〇）

このメタファーによれば、神の決定的な支配の実現を意味する神の国は、同時に、神の人類に対する決定的な愛が現れることをも示している。この決定的な神の愛は、すでに旧約聖書において婚姻の愛のメタファーでたびたび預言されていた。ところで、この婚礼における花嫁とは誰か。イエスは直接それに触れていない。だが、マリアと無関係だとは思えない。

マルコの福音のイエスは、マリアに対する母としてのイメージを斥けて、「神の御心を行う人こそ、わたしの兄弟、姉妹、また母なのだ」（マルコ三の三五）と言う。マルコはイエスの愛に終末的な神の愛、すなわち神の人類に対する決定的な愛を、婚姻的な愛のメタファーに含めておきたかったのではないだろうか。

花婿が迎えに来る花嫁が誰であるかは、キリストの十字架の死と復活を通して、再臨を待つ教会のメタファーとして最もふさわしいので、公生活のはじめには明らかにされていない。マルコはマリアを単にナザレのイエスの母として尊敬するのではなく、イエスの十字架の死、再臨のヴィジョンの中で、救いの恵みの全貌の下で教会の母として見るとき、花嫁のメタファーこそマリアにふさわしいと思うことができたであろう。

それは、マルコの福音が書かれた信仰共同体の終末的救いに対する強い信仰と願望の下での、イエスの母マリアに対する見方を特徴づけているのであろう。このような見方が新約聖書の中で、時とともに深められていったことは、ヨハネの黙示録において最も明らかな表現をとっていることでもわかる。第一九章の小羊の婚宴と、第二一章の「新しいエルサレムが、夫のために着飾った花嫁のように用意を整えて、神のもとを離れ、天から下って来るのを見た」(黙示録二一の二)という黙示のヴィジョンに終末的な教会とマリアを思うことは、当然なことではないだろうか。共観福音書にあるイエスの母マリアについての発言は、血縁的な家庭を無視してイエスを中心とした終末的な家庭観を明らかにしているので、イエスの母マリアが無視されているのは自然であり、マリアはイエスにとって、母でありながら花嫁と見なされうるからである。

イエスの花婿発言はマタイやルカの福音にも見られるので、原始教会の古い伝承に属していることとは確かであり、イエスのもたらした人類の救いを終末的な神の恵みと考える信仰の中では、イエスの母マリアが受けた恵みも究極的には終末的救いの恵みの中で賛えられることが自然であったろう。

「わたしは主のはしため」

マリアとは誰かという問いにマリア自身が答えたとされうるのは、ルカの福音の受胎告知の物語にある「わたしは主のはしためです」（ルカ一の三八）という言葉であろう。今日のわれわれがマリアを誰かと問いたいのは、歴史的な一人の人間としてのマリアが、どのように生き、どのような人間であったかを、できるだけ客観的に知りたいからである。それに対して、この「わたしは主のはしためです」という言葉は、どのような現実を示しているのであろうか。この言葉は、受胎告知物語の中では天使への答えであり、それによってこの物語は終わっている。これほどはっきりしたマリアの自己認識の表現は、聖書にはどこにも見られないだけに、このマリアの「わたし」について考えてみたい。

天使の受胎告知の言葉を驚きと不安の中で聞いたマリアの心に、最も深刻な意味で、いったいわたしは誰なのか、という問いが起こったことは確かであろう。天使が言うように、「あなたは神から恵みをいただいた」（ルカ一の三〇）としても、マリアはその恵みによって自由に神の言葉に答えなければならなかった。マリアの「わたし」は、神を否定し、自己を絶対視することもある主体ではない。むしろ、神の恵みの中においてこそ、真の「わたし」として生きることができるという人間観こそ、神の民としてのイスラエルが受け継いできたものである。

したがって、「わたしは主のはしためです」というマリアの天使への答えは、「お言葉どおり、この身に成りますように」（ルカ一の三八）という言葉で完結している。マリアは恵まれた者として、神の恵みによってこそ、自由にこのように答えられ、「主のはしため」としての真の「わたし」に生きることができるようになるのである。

現代人の「わたし」は、誰からも支配されない独立と自由を保証されていなければならない。これは、現代人の人権思想の根本的要求であり、人間社会においては当然なことである。ただしこの個人の自由は、あらゆる圧制から解放されたとしても、個人のみに閉ざされてしまえば、真に個人を生かすことのできない個人主義に陥る危険もある。マリアの「わたし」は「主」に向けて完全に開かれていたので、「はしためである」ことによって真に「わたし」として生きることができたのである。したがって「お言葉どおり、この身に成りますように」という答えこそ、彼女の主体的自由の限りなさを表現している。

ここで、旧約聖書のはじめに伝えられている物語の、エバと蛇の対話の言葉が思い起こされる。

蛇は女に言った。

「決して死ぬことはない。それを食べると、目が開け、神のように善悪を知るものとなることを神はご存じなのだ。」

女が見ると、その木はいかにもおいしそうで、目を引き付け、賢くなるように唆《そそのか》していた。

女は実を取って食べ、……

（創世記三の四－六）

女は、知識の木の実を食べてはいけないという神の言葉（創世記二の一六－一七）の代わりに不思議な対話者の言葉を聞き入れ、彼女の主体的な自由をもって決断を下したのである。

マリアは誰かという問いに対する答えとしてマリア自身の「わたしは主のはしため」という言葉を深く理解するには、このエバの決断を思い起こして比較してみるべきである。エバの物語に続く旧約聖書の歴史物語は、神から離れて主体的自由を自己の存在意義のみに限定した人類の、今日に至るまでの悲劇を表徴しているように思われる。マリアの「わたし」は、神に開かれた自由の中で真に生きはじめる「わたし」である。彼女はイエスの母になることによって、イエスの十字架の死と復活の救いに与かり、神のこの自由に生きる新しい人類の母ともなったのである。後の教会では、マリアを新しいエバと崇敬するようにもなった。マリアのアイデンティティは、キリストの救いの恵みの中において、ますます明らかになるものであろう。

マリアの幸せとは何か　マタイの福音書において神の国（天の国）は、心の貧しい人たちのものである（マタイ五の三）と宣べられている。この福音書のイエスの最初の宣言は、福音書の終りにおいては、「わたしの兄弟であるこの最も小さい者の一人にしたのは、わたしにしてくれたことなのである」（マタイ二五の四〇）というたとえ話の言葉で、きわめて具体的に説明されている。貧しい者はイエスと一体化されている。幸せとは、まさにこの一致にある。マタイの福音書が書かれた信仰共同体は、どのような信仰に生き、その中でマリアはどのように受け止められていたのか。マタイの福音書が書かれたのが、イエスの死後四〇年ほど経っていた頃とすれば、イエスの母マリアについての伝承が批判的に受け止められていたと想像することもできる。

マタイの福音書には、イエスの誕生・幼少期の福音も見られる。したがって、この福音書からマリアの生涯についての真実を知ることもできるのではないだろうか。もちろん、史実への好奇心からではなく、信仰にもとづいたマリアの受け止め方である。新約聖書における信仰は、根本的にはナザレのイエスの言行、特に十字架上の死という歴史的な出来事にもとづくものであるから、信仰の内容は単なる理念ではなく、歴史的現実に関わっていることは確かである。

そこで、イエスの母マリアの幸福観はどのようなものであったかを、マタイの福音書を通して考察することができる。まず、現代人から見て、いわゆる母としての幸せをマリアは感じたか否かを問いたい。マタイの福音の幼少期の物語は、幼いイエスの生命を守るために、ヨセフが「子どもとその母親」を連れて、エジプトへの避難とナザレへの帰国をいかに実行したかを述べている。したがってヨセフが、イエスとマリアの母子関係に特別配慮していることは確かである。マリアがイエスの成長に尽くしながら困難や不安を生きることに、母親としての使命と幸福を感じていたと思うのは当然である。

だが、ヨセフもマリアも、生まれた子どもとともに、イザヤの預言にあるように、「神は我々と共におられる」（マタイ一の二三）という終末的な救いの現実に大きな関心を抱き、神への感謝と愛に心を向けていたと思われる。そう考えると、マリアの幸せは単なる母性的な幸せを超えたものであることも確かである。

ところで、この終末的な救いに目覚める幸せは、人間が自分の貧しさに目覚めるときに、真の幸せとして感じることができることを、マタイは「心の貧しい人々は、幸いである、天の国はその人たちのものである」（マタイ五の三）という言葉で始まる至福の宣言をもって伝えているのである。そこで、マリアの母としての幸福も、この貧しい者の幸せによって深められていると考えるのは、マタイの考えに沿うものであろう。また、救い主が「最も小さい者の一人」と自己同一化を望むほど貧しくなることを通して人類の救いを実現すると考えるマタイにとって、救い主の母としてのマリアの幸せは、救い主なる神のみ前での限りない貧しさへの目覚めと、それへの自己同一化にあったと考えられたに違いない。それは、マタイの福音より後に書かれたルカの福音の「マリア賛歌」（ルカ一の四七－五五）において、マリアがこのような貧しい者の幸せを賛えていることからも肯定できる。

それにしても、誕生・幼少期のイエスを伝えたマタイもルカも、三〇歳頃までのイエスについてまったく何も伝えていないのは、なぜであろうか。イエスは、目立たず、慎ましい職人の仕事をヨセフとともにしていたに違いないが、それは福音宣教のための数年間に比べれば、途方もなく長かったはずである。マリアはその期間、どのようにイエスの母として生き、何に幸せを感じていたのであろうか。子どもの未来に希望を託すことに母親の幸せがあるとすれば、イエスの母としてのマリアは、イエスとの一致を深めることによって、救いの恵みに自分をまったく委ねること以外に、母としての幸せはありえなかったであろう。マタイが成人したイエスとマリアの母子関係にまったくの沈黙を守った理由は、それを暗示していると考えることができる。イエスが後に十二使徒を召されるまで、マリアは母としてイエスに仕えながら天の国の福音に生きており、そこに母としての幸せをも感じていたのではないだろうか。マリアの母としての幸せは、この神の国の福音の中において最も深く、彼女を生かしていたのであろう。

マリアは誰かという問いに対して、歴史的・人間学的な考察がもたらす答えに限界があることは、現代人のような啓蒙的理性には耐えられないことである。そのために、あらゆる仮説的解釈があとを絶たないが、いずれもマリアの真実に達するものではなく、不毛な試みという印象を拭い去ることはできない。そのような試みは、いわゆる外典（アポクリファ）が示すように、原始教会の時代にもあったようである。しかし教会は、ルカの福音に明らかなように、聖霊によってマリアを理解しようと努めたのである。

マリアと聖霊

では、聖霊とは何かといえば、キリストの十字架の死を神の救いの業として人間に理解させる神の意志と力であるといえよう（一コリント二の九－一二）。また、この神の霊である聖霊は、キリストの十字架の死と復活の実現のために教会に降ることを、ルカは使徒言行録の第二章において示している（二の一－四二）。

したがって、聖霊によってマリアを知るということは、キリストと教会を通して、マリアを救いの計画、または恵みとして理解するということである。それは、イエスの母マリアを単に理性的に理解することに留まらず、キリストの救いに対する信仰にもとづいて理解することである。ルカの福音に述べられているイエスの誕生・幼少期物語におけるマリア像は、信仰にもとづいた理解であって、ルカの単なる理性的好奇心によるものではない。とはいっても、信仰は理性を無用とするものではないので、ルカによる誕生・幼少期物語のマリア像を、まったく非歴史的空想と断定すべきものではない。

ところで、聖霊とマリアの深い関係は、ルカの福音にある受胎告知の物語に語られている。

マリアは天使に言った。「どうして、そのようなことがありえましょうか。わたしは男の人を知りませんのに。」天使は答えた。「聖霊があなたに降り、いと高き方の力があなたを包む。だから、生まれる子は聖なる者、神の子と呼ばれる。」（ルカ一の三四―三五）

この言葉によって、イエスの母マリアが処女にして母であるのは、聖霊の働きであることがはっきりと述べられているのである。なぜこのようなことが可能であるかは、単に科学的、哲学的な考察などから理解することはできないし、すべきでもない。子なる神が人となることに聖霊が関わることを父なる神が望まれたという神学的解釈が最もふさわしい。性とか結婚に対する教会の否定的偏見を反映しているなどという解釈は、的外れも甚だしい。旧約聖書のはじめ、創世記の第一章における神の天地創造において、聖霊は風のメタファーによって創造の業に関わっていること（創世記一の二）を思い起こすと、処女懐胎にまったく新しい神の創造の業を見ることもできる。マリアとしては、天使によって知らされたこの神の業を、信仰をもって自由に受け入れたのである。

わたしは主のはしためです。お言葉どおり、この身に成りますように。(ルカ一の三八)

この処女懐胎の物語を、イエスの出生の秘密を解明する必要にもとづいて書かれたもののように考えるのは、根拠に乏しい。むしろ、イエスの公生活のはじめの受洗物語におけるイエスの本性理解こそ、処女懐胎物語の根拠を与えるものと見なすことができるのではないだろうか。

水の中から上がるとすぐ、天が裂けて『霊』が鳩のように御自分に降って来るのを、御覧になった。すると、「あなたはわたしの愛する子、わたしの心に適う者」という声が、天から聞こえた。(マルコ一の一〇―一一)

福音書が書かれた時代の教会は、聖霊とマリアの関係も、キリストの十字架の死と復活の出来事をもとにしてのみ考えていたに違いないので、処女懐胎の物語やイエスの受洗物語における聖霊の働きも、キリストの十字架の死と復活によって与えられた聖霊の光をもとに考えたと理解すべきであろう。

そのように考えるとき、マリアと聖霊の画期的な深い関係を知ることができる。マリアが聖霊によってイエスの母となったということは、原始教会の根本的なマリア理解であって、ナザレのイエスの母マリア像も、そのような信仰による理解にもとづくもの以外の何ものでもない。現代人が考えやすい聖霊信仰から切り離された単なるイエスとマリアの母子関係など、想像することもできなかったであろう。現代の小説家などのいうマリアの私生児イエスなどという見方は、原始教会の思想からは考えも及ばないフィクションであろう。

マリアの死について　新約聖書はマリアが真の人間であることを前提としているが、マリアがいつ生まれ、いつ死んだかは明らかではなく、また彼女の両親についての言及もまったくない。外典には伝説的なマリアの生涯の物語はあるようであるが、それは聖書として認められていない。それはなぜかということを考察するとき、聖書のマリア像が明らかになろう。

マリアはただ単にイエスの肉体上の母であったので、マリアの生涯などは無視されたというのであれば、人間イエスも軽視されることになる。後の教会の中で、イエスの人間性を否定する異端が現れたが、それは原始教会では考えられないことであった。また、マリアをイエスとともに神格化する傾向から、マリアの生涯や死が無視されるということも、原始教会ではありえなかった。

ルカの福音のように誕生・幼少期物語などにおいては、マリアの生涯について比較的詳しく述べられていても、同じ著者によると思われる使徒言行録の初め、マリアが聖霊の降臨を願う使徒たちとともに祈っているという物語において、マリアの生涯に関する記述は終わっている。したがって、マリアに関する伝記的事実を考証することは不可能に近い。

それにしてもなぜ、原始教会はイエスの母マリアについての伝記的事実に関心を払わないのであろうか。そこには確かな理由があったのではないだろうか。それは、マリアが救いの神に恵まれた者である以上、マリアにとっては歴史的存在より救いの神の現実こそが、マリアの存在の真理として重視されるべきだからであろう。それが、原始教会におけるマリア崇敬の物語の原理でもあった。

そう考えると、マリアの死はイエスの死そのものの救いの恵みに完全に与かったものと考えるべきである。いつマリアが肉体的な死を迎えたかはわからないとしても、確かにイエスとともに復活への死を迎えたことは、信じるべきである。外典はマリアの墓の所在を明らかにしている。しかし、マリアの死をまったく問題にしない使徒言行録のほうが、マリアの真理に触れているのかもしれない。聖霊降臨を待つ使徒たちとともに祈るマリアの上に聖霊が新たに降ったという記述は使徒言行録にはない。だからといってマリアがペトロをはじめ使徒たちの華々しい福音宣教にまったく関わることなく、独り秘かに死を迎えてその一生を終えたという解釈をもって満足することもできない。

使徒言行録は、使徒たちが聖霊に満たされて福音宣教に励むとともに、主はいやしなどのしるしを行う力も彼らに与え、彼らの信仰共同体の確立を支えられたことを繰り返し伝えている。それは、マタイの福音の次のようなイエスの言葉の実現を思い起こさせる。

「わたしは天と地の一切の権能を授かっている。だから、あなたがたは行って、すべての民をわたしの弟子にしなさい。彼らに父と子と聖霊の名によって洗礼を授け、あなたがたに命じておいたことをすべて守るように教えなさい。わたしは世の終わりまで、いつもあなたがたと共にいる。」

（マタイ二八の一八―二〇）

マリアは、福音宣教と教会共同体の確立に、直接、使徒たちとともに参加するよりも、「わたしは世の終わりまで、いつもあなたがたと共にいる」という「主の母」として、使徒たちとともにいたと考えるべきであろう。そのためにこそ、マリアは主とともに死を迎え、復活して一体となり、「キリストの身体」としての教会とも一体となっているのではないだろうか。使徒言行録の著者は、マリアをそのように認めていたので、マリアの死についての具体的な記述を残さないのであろう。マタイの福音より後に書かれた使徒言行録の時代には、そのようなマリア観が原始教会に広まっていたと考えていい。

いずれにしても聖書は、マリアの一生をイエスから切り離して、一人の歴史的な人物に過ぎない女性、単にイエスを産んだ母親のように取り扱っていないことは確かである。教会が発展するにつれて、教会はイエスの母マリアが受けた恵みの限りなさ、救い主イエスの救いの業の限りなさを知るにつれて、神に感謝し、マリアを通して救いの恵みに与かるために、彼女の取次ぎを願うようになるのである。
マリアは確かに一人の人間であるが、彼女がイエスの母として選ばれた神からの恵みは、人間には図り知れない。主とともに死に、復活した彼女は、主とともに生き続け、教会とともにいるがゆえに、彼女の人生は死をもって終わる歴史的な存在を超えているという見方は、すでに原始教会の中にあったはずである。それは、ルカの福音にある聖霊に満たされて高らかに語った、預言的な次の言葉からも明らかである。

「あなたは女の中で祝福された方です。胎内のお子さまも祝福されています。」
（ルカ一の四二）

この言葉こそ、「マリアは誰であるか」という問いに対する決定的な聖書の言葉であろう。それは、パウロの次のような信仰告白の言葉に矛盾することではない。

しかし、時が満ちると、神は、その御子を女から、しかも律法の下に生まれた者としてお遣わしになりました。それは律法の支配下にある者を贖い出して、わたしたちを神の子となさるためでした。
（ガラテヤ四の四－五）

福音書のマリア神学

新約聖書におけるマリア崇敬が最も明らかに示されるのは、マタイおよびルカのイエスの誕生・幼少期物語である。なぜ、このような物語が作られたのか、その根拠となった神学は何かという問題は、聖書学、教義学の研究課題である。マタイの「誕生・幼少期の福音」が救いの神学にもとづいていることは、福音書全体の記述の方針から想像される。すなわち、旧約の預言の実現をイエスの誕生・幼少期物語のプロットにしたのであろう。ルカの「誕生・幼少期の福音」には、キリストの死と復活をもとにして救済的キリスト論が影を落しているという説もある。まだ、いろいろな解釈の可能性が残されている。

古代の教会におけるキリスト論の確立が、後のマリア崇敬の発展を大きく支えたことは明らかであるが、福音書のマリア論の支えとなったのは、聖パウロの書簡などに見られる聖書論や教会論ではないだろうか。特にルカによる「誕生・幼少期の福音」は、そのような推論を可能にするものであろう。

いかに、ルカの誕生・幼少期物語において、マリアとイエスの母子関係が詳述されていたにしろ、物語の目的は伝記的要素の解明にはなく、むしろ原始教会とイエスの深い関係を説く神学的考察に向けられていたことは確かである。例えば、ルカの「受胎告知」物語が、ゼファニヤの預言「シオンの娘」の実現とする聖書学の解釈を受け入れるなら、マリアはイエスの母のみならず、新しい神の民、すなわち教会とみなされていることが明らかになる。「恵まれた者」マリアは、イエスの母であるとともに、キリストによって救われた教会なのである。そこで、マリアの生涯そのものも、キリストによって救われた者の典型として理解され、マリア崇敬は救われた者として恵まれた人間に対する賛美を伴うことにもなる。ルカの福音にあるマリアの賛歌はそれを証ししている。

共観福音書が書かれた時代は、キリストの十字架の死と復活によって、新しい神の民が生まれており、イエスの母マリアが受けた恵みにも根本的にこの救いの恵みが考えられるのは当然である。マリアの受けた受胎告知、マリアの肉体的母性、キリストの十字架の死と復活の出来事は、確かに時代的経過の中で、伝記的な意味とともに語られている。しかし原始教会は、新しい救われた神の民としての信仰にもとづく深い体験によって起こり、その救いの体験を通してすべての出来事を神学的に証しすることこそ、福音書の物語が本質的に目指していたことである。

したがって、福音書のイエスの誕生・幼少期物語の根本には、原始教会の教会生活を通しての深い信仰体験が支えとなっていたことは確かである。そのような原始教会の救われた民としての意識は、すでにパウロの書簡などに見られるように、恩恵や教会の神学的表現によって広められていたと考えられる。

そこで、マリアのエリサベト訪問においては、原始教会の教会論が、制度としての教会のキリスト論的理解（マタイ一六の一七―一九）とともに、深い聖書論にもとづいていることは一貫している。聖霊によって懐胎したマリアは、聖霊によってエリサベトの口から、母性の意味を明らかにされるのである。聖霊に満たされたエリサベトの賛美「あなたは女の中で祝福された方です。胎内のお子さまも祝福されています。わたしの主のお母さまがわたしのところに来てくださるとは、どういうわけでしょう」（ルカ一の四二―四三）は、マリアの肉体的母性を超えた神学的な表現として解釈されなければならない。この母子関係の賛美は、新しい救いの民の教会共同体という新しい生命の関係を前提とした神学的思想にもとづいてこそ可能になる。

マリアの母性を神格化したり、単に肉体視するいずれの思想からも、エリサベトのマリア賛美を解明することはできない。強いて考えれば、パウロの「キリストの身体」としての教会が霊によって生きるという教会論が、イエスの母マリアを「主の母」マリアとして受け止めさせるのではないだろうか。それは、旧約聖書に見られる個人と神の民の関係の思想を前提としている。マリアという個人が、いかに神から恵まれた者であったとしても、神の民の外にあったり、上に君臨するようなことはありえない。エリサベトの賛辞に答えてマリアが歌う賛歌において、マリアは幸いな者としての自分を、救いの神の民に対する約束されていた恵みとして賛えている。マリアは神の民の一員として恵まれた者であり、神の民は、世々、彼女の受けた恵みを、救われた民の恵みとして賛美することを、彼女は強く意識している。ここには、原始教会のマリア観が、いかに救われた民としての教会観を前提としているかが示されている。

このような思想は聖書に独特なものであって、現代人のように個人と社会を切り離したり、個人を絶対視する人間観からは、まったくなじめないものである。しかし、ここに、現代人にとってマリア崇敬から学ぶことのできる、個人主義に打ち勝ち、共同体としての社会生活を豊かにする思想があるのではないだろうか。それは、近代を克服するポストモダンの思想の一つとして取り上げられるべきである。第二バチカン公会議において、マリアを教会の母として見直したのは、公会議が教会論の刷新を一つの柱としていたからである。われわれがイエスの母マリアに改めて大きな関心を抱くのは、教会共同体の中での個人の意味とその生き方を探るためである。

原始教会における教会共同体の深い体験と切り離しえないのは、聖霊体験である。この点も、パウロのコリントの信徒への手紙などから明らかに知ることができる。ルカの福音全体は、聖霊の体験と神学に貫かれている。福音書のマリア論の神学が聖霊の神学を基礎としていることは、そのイエスの誕生・幼少期物語からわかる。特に、ルカの福音の聖霊論は、聖霊の働きを単に人間の精神に対する働きかけのように考えず、人間の存在そのものを新しくする創造的、実践的働きとして理解しているところに、その特徴がある。聖霊がマリアの胎に子なる神を宿られさせたのであり、エリサベトはマリアの訪問を受けることによって聖霊の働きを受け、マリアを「主の母」として認めることができたのである。聖霊の働きは、イエスの幼少期物語の出来事をリードするものであることも明らかである。

ルカの福音によれば、聖霊こそ、教会が世界的存在として、福音宣教を使命として確立されたという神学を最も明らかにしている。使徒言行録は、聖霊が原始教会発展を常に導いていることを物語っている文書である。したがって福音書のマリア論は、マリアを単にナザレのイエスの母として、歴史的に限定した歴史的人物に閉じ込めない。教会が聖霊の働きによって歴史的に発展するにつれて、マリアも教会の母として、常に教会の中で、聖霊によって、イエスの母、主の母としての使命を果たしていくというマリア論こそ、福音書のマリア神学なのである。教会の歴史を通して、マリア崇敬が失われず、マリアの出現の体験さえあとを絶たないという現実は、人間の宗教心によるマリアの永遠化として解明しつくせるものではない。聖霊と教会に対する真に福音的な信仰こそ、救いの神とその恵みの現存を証しさせるのである。イエスの母マリア研究は、宗教的原理としての女性性や母性の究極の原理として追究することはできない。マリアは、人間学、歴史学の研究対象になる以前に、

キリスト教神学の問題なのである。その意味で福音書のマリア論の神学的研究は、避けて通れない根本的な課題である。

注

＊1——一九六二-六三年、聖ピエトロ大聖堂にて開催された、公会議史上最大のもの。目的は、カトリック信仰の発展、信徒の道徳的革新の促進、教会綱紀の現代的順応。

＊2——E. Scillebeeckex and Catharina Halkes, "Mary, Yesterday, Today, Tomorrow" P. 23, Crossroad, 1993.

第2章　教会とマリア

マリア神学の基本

マリアの子イエス　マリアがイエスの母として、今日に至るまで、通常の偉人や聖者の母とは異なる崇敬と永遠的存在に対するがごとき交わりをカトリック信者によって保たれているのは、その子イエスが人類の救い主であり神として信じられているからである。

そこで、まず、イエス＝キリストについて、キリスト信者ではない一般の読者の立場も考えて、マリアを語る上で必要な要点を、序論としてまとめてみたい。もとより、イエス＝キリストに関する研究は、キリスト論という神学の重要な部分を占めているので、それを短く要約することは難しいことを覚悟している。だが、専門的な問題点を離れて、多くの日本人のキリスト教をまったく知らないことから起こりやすい誤解を、筆者の能力の及ぶ限り、できるだけ少なくしたい。

キリスト教と神

イエスは聖書で神の子と呼ばれることがある。その場合、日本人が通常考える哲学的、宗教的な観念で理解されると混乱が起こりうる。キリスト教でいう神とは、父と子と聖霊という三位一体の神であって、イエスは、その子なる神が、マリアを通して、人間としてこの世に来たのであるから、イエスを神の子という場合、父なる神に対していわれていると考えるべきである。父と子と聖霊なる神といっても、三つの神のようにも考えない。唯一の神である。したがって、マリアがイエスの母といわれるのは、人間としてのイエスに関してであって、神の子イエスの母とはいえない。ただし、人間イエスは同時に神でもあるので、その意味で、マリアを神の母ということもできるが、その場合、マリアはけっして神というわけではない。キリスト教では、神は唯一で三位一体の神以外にありえないからである。プロテスタントの人々は、カトリックがマリアを神の母という称号によって神格化していると非難するかもしれないが、教会の公の教えには、まったくそのようなことはないし、ありえない。

しかし、人間であるにもかかわらず、聖霊によって神の子を宿したマリアは、人間的には考えられない神の恵みの中にあるから、マリアがどんな聖人とも比較できない崇敬を受けるのは当然である。筆者のマリア論は、この救いの神のマリアと救いに招かれている全人類に対する神の恵みの現実をもとにした考察である。

神を厳格に唯一の神のみとして信じるユダヤ教や回教にとっては、神が人となることなどありえないので、イエスはキリスト教が神格化しただけであるというが、キリスト教の神は唯一の神であるから、父と子と聖霊という三位一体の神を受け入れて、イエスを「子」なる神と信じているのである。ユダヤ教や回教は、まさにこの三位一体の神を認めることができない。

キリスト教が、なぜ、神を三位一体と認めるかは、哲学的解明などによって証明することはできない。それは、マリアの子、イエス自身の言葉と生涯による啓示として受け止めているのみである。したがって、キリスト教において、イエス＝キリストの現実こそ、三位一体なる神の自己啓示と理解するのである。この根本的問題に関する神学は、プロテスタント、カトリックともに現代的な著作がある。邦訳のある著名なカトリック神学書としては、エドワード＝スキレベークス「イエス」（第二巻、新世社、一九九四年）、ヴァルター＝カスター「イエズスはキリストである」（あかし書房、一九八〇年）があり、百瀬文晃「イエス・キリストを学ぶ」（中央出版、一九八六年）を参照していただきたい。

キリスト教における人間　マリアを神格化していると非難する傾向が、プロテスタントの神学者の中に見られることから考えられることは、キリスト教における神の問題を純粋に考えれば考えるほど、秘かに人間は人間を軽視する傾向があるのではないかということである。教会の神学の歴史を振り返ってみれば、イエスの神性と人性の調和ある理解に達することが、いかに難しく、いろいろな偏りのために異端として斥けられる説が生じた現実を知る。キリストを真の神、真の人間として認めることは、罪にもかかわらず人間の本性は失われず、その上、神が人となってまで人間を神の生命に与らせることによって、人間的には考えられない品位も、人間に認めなければならないのである。このような神による人類の救済は、神の無償の愛、純粋なる神からの恵みという以外ない。

さらに、神が人となるために、マリアという一人の人間において受肉するということは、神が人類の救いの業に人間をも与らせるということになるのであるから、救いの神秘も考えなおさせられるのである。

神学的にいえば、キリスト教においては、受肉論、救済論、秘跡論、教会論という教義の重要な部分すべてが、人間に関する独特な見方を示している。その意味では、キリスト教は神の教え以上に人間についても独特な教えを説いている。そこから、キリスト教的ヒューマニズムという概念も生まれ、西欧文化に大きな影響を与えてきた。

キリスト教の神についての教えの中で、三位一体の神が最も難しいことは確かであるが、キリスト教の人間についての教えの中でも受け入れるのが難しい教えがある。それは、パウロが説くキリストの身体としての教会という教えであろう。

三位一体論にせよ、教会論にせよ、理性的に受け入れるのが難しい教えが、実は、現実的には最も重要なのである。それなくしては、マリアの子イエスの真の姿をとらえることはできないからである。マリアの子イエスを真の神として受け入れるためには、三位一体の神論を受け入れる以外にない。マリアの子イエスを真の人間として受け入れる場合にも、現代人の考えに従って、単なる歴史的一個人としての人間として理解しようとするのでは、正確にはとらえられていない。パウロの言葉に従って、キリストの身体としての教会の頭としてイエスを受け入れるのでなければ、真の人間イエスとはいえないであろう。それは、イエスの十字架の死と復活を通して明らかになるので、信仰のイエスといわれるかもしれないが、史的イエス・信仰のイエスの区別は、神学的概念の問題であって、現実としては一体として受け入れる以外にない。

そこで、マリアの子イエスがキリスト（救い主）として受け入れられるとき、マリアはイエスの母として受け入れられることになる。ルカの福音書において、イエスの母マリアはそのような意味ですでに受け入れられているからである。子によってその母を知るという現実こそ、マリアにも適用されるべきである。カトリック教会が歴史的にマリア神学を豊かに発展させてきたのは、このような自然な人間存在の現実を認めているからである。プロテスタント神学におけるマリア論の不在、停滞は、究極的には、キリスト教における人間の理解が、神の教えへの配慮から無視されたり、偏ったりすることに原因があるのではないかと思われる。過去の歴史から見て、カトリック教会の民族的なマリア崇敬に行き過ぎがあったことも確かであるが、本筋においては、マリアの子イエスを救い主として深く信じる努力から外れてマリア崇敬だけが独走したとは考えられない。筆者のマリア崇敬の証しは、その意味でも、できるだけエキュメニカルなものでありたいと思う。したがって、マリア崇敬を聖書、特に福音書を中心にして考察するよう努めている。

イエスの母マリアと神　イエスの母マリアの像を観音像に似せて作り、迫害から身を守り、信仰を保ち続けようとしたわが国の最初のキリスト信者、キリシタンについては、よく知られている。聖フランシスコ＝ザベリオによって日本にもたらされ、一時は二〇〇万もの信者を数えたカトリックの信仰が、マリアへの崇敬をいかに重視していたかは次の話からもわかる。二〇〇年の鎖国の後、キリシタン迫害から生き残った長崎の信者たちが、明治の初めの宣教再開前に、外国人のための教会の中で、秘かにさがし求めたのも、サンタ・マリア、すなわちイエスの母マリアの像であったと伝えられている。

宣教再開とともに、日本にアメリカの清教徒の流れをくむプロテスタントのキリスト教が盛んになると、マリア崇敬はカトリックの信仰として無視されるようになった。宗教改革者ルターは、「マリア賛歌」の解説書を書き残しているほどであるが、カルビン以降のプロテスタントにはマリア崇敬は異端のようにみなされていて、廃止させたのである。現代の日本のプロテスタント教会にも清教徒的伝統は強く、マリア崇敬を見直す傾向はほとんど見られない。

プロテスタント教会がマリア崇敬を禁止する理由は、カトリック教会がマリアを神のごとくに崇敬するという批判にもとづく。確かにカトリック教会は、イエスの母マリアを「神のみ母」という称号をもって崇敬するが、教会の公式の教えを見れば明らかなように、マリアを神と認めたり、マリアが神の子としてイエスを産んだという信仰はなく、マリア崇敬の行き過ぎに対しては、厳格に批判、教導を怠っていない。

マリアを神の母として崇敬するのは、生まれた子イエスが真の人間であるとともに真の神でもあるという聖書的信仰にもとづき、イエスの神性を否定する異端に対する批判から、マリア崇敬に神の母という称号を、特にエフェソ公会議[*1]（四三一年）後、用いるようになっただけである。その精神は、根本的にはルカの福音にある「主のみ母」というエリサベトのマリアに対する賛美と同じである。したがって、マリアを神の母として賛えることは、聖書と神学にもとづいたマリア崇敬である。

しかし、それにしても、人間でしかないマリアを子どもが神であるからとして、神の母として賛えるのは行き過ぎではないかというプロテスタントの懸念も、わからないことではない。それにもかかわらずカトリックが、誤解も恐れずにマリアを神の母と賛えるのは、人間でしかないマリアを御子の母として選んだ神、父なる神ご自身の、人間に対する信頼と愛を賛え、感謝する必要があると信じているからである。

プロテスタントの懸念には、人間が人間を神として崇めるという冒瀆《ぼうとく》の罪を恐れることにあると思われるが、それは聖書を知らぬ人々も考えることであり、特に日本のように多神教的風土に生きるキリスト者にとって、警戒すべきことであることは確かである。その意味では、カトリック教会もマリア崇敬の行き過ぎを懸念している。それは特に、真の神を求める代わりに偶像に走る人間の罪の現実を思えば、当然の懸念である。

しかし、神の国の福音は、罪の中にある人間に対する神の救いの限りなさにあり、そのような救いの神が人間を救うために、罪人と同じ姿で人間として生まれるために、マリアという人間を選んだことは、まさに、神の人間に対する愛の神秘である。

カトリックのマリア崇敬は、このような人間に対する人間には考えも及ばない神の愛、別な言い方をすれば、神のヒューマニズムにもとづいて行うのである。それは、人間にとっては神の恵みを根拠とした、楽観主義的ヒューマニズムであるということができる。それに対してプロテスタントは、人間の罪深い現実を強調して止まない悲観主義的な立場から、マリア崇敬などにはまったく同調できないのであろう。それは、宗教改革後の独特な神学にもとづくものである。

神学は、聖書の教えに対する人間の理性的な受け止め方と解釈することができる。人間の理性は歴史的状況や民族性を通して働くものであるから、聖書の固定された言葉と違って、神学は歴史的に発展するものである。宗教改革が中世末のドイツで起こり、その神学はスイスや新しい開拓地である北米大陸で広く発展したのは、悲観主義的、禁欲主義的キリスト教観をもとにした北欧文化と無関係ではないであろう。必ずしも禁欲的とはいえない聖書的、楽観主義的人間観にもとづく神学が、南欧、南米、また聖書の文化の東方性などから東南アジアにも受け入れられうるのも、理解できることである。マリア崇敬を神学的に理解しようとするとき、このような図式的解釈は有効であろう。

いずれにしても、マリア崇敬は福音書にすでに見られ、神学的起源は聖書の神の旧約・新約を通して一貫している神の人間尊重、人間愛にその根拠があるが、その受け止め方は人間の側の人間観とその文化によって、消極的、否定的、積極的にというような受け入れられ方の違いがあるといえよう。

また、教会の形態からいうと、地中海文化の家長的共同体構造の受け止め方にもよる。ローマ・カトリック教会のほうがプロテスタント教会よりマリア崇敬を発展させる教会共同体生活の形態を、少なくとも現在まで保っているということが、それを証明しているのではないだろうか。プロテスタント教会がローマ・カトリック教会から離れ、その教会共同体の形態が近代化されるにつれて、マリア崇敬は消滅していった。

よく聞かれる俗説に、聖書の神はあまりにも父性的なので母性的な神に対するひそかな人間の欲求が、マリア崇敬によってカトリック教会の中に保たれているという解釈がある。このような解釈は文化人類学的に見えるが、聖書の解釈からは支持されえない。というのは、聖書の神は性別を創造した神（創世記一の二七）であるから、父性的のみならず母性的にも、人類に対する愛を示すことはできる。例えば、旧約の預言者ホセアは、神の愛をきわめて母性的な配慮を抱くものと述べているからである（ホセア一一）。マリア崇敬をもとに神の愛の母性的深みを黙想することは誤りではないとしても、その際、マリアは人間的にそれを表徴しているにすぎず、神の真に母性的愛は、人間の性別から想像される以上の、限りないものであることは忘れてはならないであろう。

カトリック教会の歴史とマリア

カトリックとプロテスタント　ルーテル以降のプロテスタント教会において、聖書を唯一の信仰の規範とするようになり、それ以前の神学を軽視または無視するようになってから、マリアに対する崇敬や神学的考察はほとんど不毛になってしまった。それに対してカトリック教会は、ギリシャ正教教会のマリア崇敬やマリア神学の伝統を受け継ぐだけではなく、キリストに関する信仰を神学的に深めるとともにマリアに対する神学的考察をも深め、崇敬を新たにしてきた。したがってプロテスタントのようにマリアに関して新約聖書の記述のみを重視するだけではなく、教会の神学的歴史の発展、それにもとづく教義の新しい表現をカトリック教会は公にしてきた。このようなカトリック教会の信仰は、歴史における教義的発展の可能性を否定するプロテスタント教会とは異なり、マリア崇敬やマリア神学を今日に至るまで生き生きと保っている。それは聖書にもとづく信仰の理解を豊かにする結果となり、マリア崇敬やマリア神学は、その点で大きな役割を果たした。そこで、カトリック教会の歴史において、マリアがどのように理解されてきたかを振り返ってみることができる。

古代教会から中世へ　カトリック教会が教会の歴史を通してマリアへの崇敬を深めてきたのは、人となった神である救い主イエス＝キリストに対する信仰とその理解が深まったからで、マリアをイエスから切り離して崇敬したり、神格化したからではない。ローマ帝国の中で発展した古代キリスト教会は、ローマ人の宗教にあった女神信仰に対しては信徒への影響のないように警戒を怠らず、常に新約聖書の信仰にもとづいたイエスの母マリアへの崇敬を深めた。いわゆる使徒教父といわれる三〜四世紀の神学者、教会指導者たちのマリア崇敬の教えは、イエス＝キリストへの信仰と神学にもとづいたものであったから、イエスの神性・人性とその一体性などについて、神学の研究・発展に応じたものであった。

　そのような神学研究は、ギリシャ・ローマ文化の宗教思想の中で、新約聖書の教えを正しくとらえるためには不可欠なものであった。教会はギリシャ・ローマ文化の中でのキリスト教の受容を正しく指導するために、キリストに対する正統信仰を守るキリスト論を発展させるとともに、異端に対する批判と排除を行ったのである。人となった神としてのイエスの神秘への信仰を正しく保つためには、イエスの人間性・神性のいずれも正しく受け止める必要があったが、それは同時にマリアをも正しく理解することが求められるのであった。

例えば、マリアを単に人間イエスの母としてとらえるとすれば、聖書が伝える人となった神、すなわち父なる神の子としてのイエスの母とはいえない。その反面、マリアをイエスの神性をも創造するような意味でイエスの母と認めることはマリアを神格化するので、これは聖書の根本的な教えである父と子と聖霊なる三位一体の神からは、まったく受け入れることができない。

しかし、イエスの人性と神性を一体としてとらえるために、神学的論争が交わされ、どうしても両者の一体性を認めないネストリウス派は、異端として正式に四三一年のエフェソの公会議において斥けられ、マリアは単に人間イエスの母ではなく、また、救い主キリストの母という不明確な意味でもなく、人間であるとともに神であるイエス＝キリストの母ということを最も明らかにするためにテオトコス、神の母という呼び名が受け入れられることになった。イエスが真に人、真に神である救い主という長い論争を経たキリスト論的真理をまったく疑いのないものとするために、その母マリアを神の母と呼ぶことにしたのである。

キリストが正しく認められたことを表徴するために、マリアを神の母と呼んだのであるから、したがって、教会がこの公会議をもとにマリアを神格化したというのは大きな誤りである。当時のエフェソにはダイアナという女神に対する信仰があったが、誤解をも恐れずにマリアを神の母としたのは、マリア自身のためというより、マリアの子、イエス自身の神人一体性の真理を明らかにするためであった。現代のマリア信心研究家や、また、プロテスタントの中に、これをマリアの神格化の始まりのように誤った解釈をする者があるが、教会史の客観的な研究からはそのような解釈は起こりえない。教会の歴史を振り返ってみれば、マリアを神の母と呼ぶことは、ルカの福音にあるエリサベトの言葉「わたしの主のお母さま」（ルカ一の四三）によって示された原始教会におけるマリア崇敬を三世紀にわたって、教会がイエス＝キリスト自身の神人一体性の神秘への信仰を深めることによって、新しい表現で示したことに他ならない。

神の母マリアの呼び名によるマリア崇敬は、このように古代教会のキリスト論にもとづいたものであり、後の教会はこのマリア崇敬をさらに深めていくことになった。それは、例えば、イエスの受肉の神秘をさらに深く信仰することから起こっていくマリア崇敬である。

しかし、キリスト論的真理がマリア崇敬に反映するということは、教会そのものがいかにマリアと深い関係にあったかということをも裏付けている。それはすでにヨハネの福音書が明らかにしている。共観福音書には十字架の下におけるイエスの母マリアの姿は明らかにされていないが、二世紀の初めに書かれたと推測されているヨハネの福音書には、十字架に掛けられているイエスの言葉をもって、マリアと教会の関係が明らかにされている。

イエスは、母とそのそばにいる愛する弟子とを見て、母に、「婦人よ、御覧なさい。あなたの子です」と言われた。それから弟子に言われた。「見なさい。あなたの母です。」そのときから、この弟子はイエスの母を自分の家に引き取った。（ヨハネ一九の二六―二七）

マリアと教会の関係については、すでに、ルカの福音書の著者によって書かれたといわれる使徒言行録に、イエスの昇天後、聖霊の降臨を待ちながら祈る使徒たちの中にマリアがいたことが述べられている。「彼らは皆、婦人たちや、イエスの母マリア、またイエスの兄弟たちと心を合わせて熱心に祈っていた」（使徒言行録一の一四）。マリアは単にイエスの母として別格の名誉を受けていたというだけではなく、聖霊とともに教会の起源から教会そのものとの深い一体感の中において、崇敬されていたと考えられる。ヨハネの福音書の十字架のイエスの言葉は、この事実をより明らかにしているだけではなく、マリアがイエスとともに人類の救いのために教会と一体化しているということをも明らかにしている。

したがって、使徒教父たちの教会は、救いのためにマリアの取次ぎを願う祈りをはじめ、そのよ

うな祈りによる救いの仲介者としてのマリアの教えも広まったのである。この発展は、極めて自然な教会生活の現実から起こったものである。エフェソの公会議以前の使徒教父や古代教会の教父の教えの中に、エフェソ公会議後の教会においてより明らかにされ、深められるマリア神学のテーマは、すでに豊かに見出すことができる。否、むしろ後の教会のマリア神学よりもスケールの大きいテーマ、例えばマリアとエバとの比較などがあり、これからのマリア神学の発展のためにも教父たちの教えは重要な意味を持っているのである。

例を挙げれば、アンティオキアの聖イグナチオ（Ｄ１１０）、聖イルネウス（Ｄ２０２）、聖ユスチアヌス（Ｄ１６５）、テルトリイアーヌス（Ｄ２２０）などのマリアについての神学のテーマは聖書をもとにして深められたもので、マリアの処女性、母性を中心にして、マリアを新しいエバとして理解し、その聖性を聖書的根拠をもとに主張し、特にマリアと教会のテーマは、古代教父たちのマリア神学に一貫していた。

二世紀中葉は、福音書におけるマリアの私生活に対する伝統的文書が教会の中にも流れていたので、このような教父たちの神学は、教会の教えとして重視された。例えばマリアの両親について語るジェームスの「原初福音」、グノーシス派の影響のある「イザヤの昇天」などという信心深い伝説的文書は、聖書が語らないマリア事跡を載せており、一般信徒のマリア崇敬に影響をおよぼしていたが、教父や教会は正式な教えとして取り上げたことはない。ただし、聖書の教えに反することがないかぎり、教会は信徒のマリア崇敬を豊かなものにするものとしてこれらの文書を保ち、マリアの母アンナ、父ヨワキムを聖人として尊び、その祝日も認めている。

マリアはイエスの母として崇敬される以上に最も恵まれた人間として、教会の典型と考えられ、信徒は、彼女のような信仰に生きることによって彼女と一致し、真のキリストの身体である教会の中で生きることを望んだのである。イエスとの一致を生き抜くためにマリアへの取次ぎの祈りを捧げるマリア崇敬は、特に、教会が迫害を受けた古代教会においては、ごく自然な信徒の交わりから生まれた聖書的正統信仰を深く保つ助けとなったことは確かである。

このような古代教会の聖書的教会の霊性を深めたマリア崇敬は、中世の教会にも受け継がれた。中世の教会においては、聖書にもとづく信仰はギリシャ哲学の思想の中に受容され、神学も学問的に組織されるようになり、教義神学が確立されるとともにマリア神学も客観的に研究されるようになった。そこで、古代教会から受け継いだマリア崇敬の行き過ぎなどに対する正しい批判が行われ、現代の教会にも受け継がれているマリア崇敬の大要が見出される。それというのも、中世の教会においては、受肉の神学や救世の神学が組織化され、霊的にも深く受け止められるようになったからである。一例を挙げれば、キリストの受難や死についての神学と、それにもとづく霊性が深められるにつれて、マリア崇敬においても、イエスの受難や死と一体化したマリアの存在が黙想されることが多くなり、そのような特徴が、この時代からマリア崇敬にも表れてくる。十字架の下にたたずむマリアに対する取次ぎの祈り、マリアと一致するために聖書的信仰を深める霊的能力が、マリア崇敬の中心になる。他方では、教会共同体の充実と拡大の現実の中で、イエスの母マリアは御子の身体である教会とますます深く関わっていることへの目覚めから、マリアの保護を特に求めて、教会をマリアに捧げることも多くなってきた。それは、マリアこそ最も完全に救いの恵みを受けた人間であるがゆえに、教会をマリアと一体化したいという望みの表れである。十字架の形に建築された大聖堂にマリアの名を付けるというのは、このような意味で当然であった。例えばパリのノートルダム大聖堂は、中世のマリア崇敬を表徴している。

このようにマリアは、イエスの母としてイエスの生涯のみに関係があった歴史的人物と考えるに留めることは不可能である。マリアは単に歴史上の人物であるだけではなく、教会の歴史とともに生き続ける存在である。それは、マリアを信徒が神格化するのではなく、マリアは神の恵みによって救われた人間として、キリストとともに新しい人類を表徴している人物と理解されるからである。

宗教改革運動と福音宣教の歩み

ルターによる宗教改革以降、カトリック教会にプロテストする教会が現れ、教会が分裂するようになると、古代、中世の教会を表徴するマリア崇敬は、どのような変化を遂げるのであろうか。いろいろな見方が可能であろうが、現代から近世以降の教会の歴史を振り返ってみると、宗教改革運動を機会として、カトリックもプロテスタントも、聖書をもとにしてキリストの救いの業を世界史的に眺める方向に進んでいるという点では同一の方向を見出すことができるのではないだろうか。それは、聖書的な福音宣教の推進といえるであろう。

カトリック教会もプロテスタント教会も、まず、ヨーロッパのキリスト教国の世俗化、無神論化の中で、再福音宣教を進め、次に、大航海時代の発展とともに福音宣教を全人類に向けて拡大していった。カトリック教会は、プロテスタントのように聖書のみによる教会刷新ではなく、聖書とともに古代、中世の教会が聖書を生きてきた伝統をも重視し、教会の制度を改革しながら保持することを根本的方針とした。これは、反宗教改革運動として、プロテスタントの分離を拡大する結果となった。しかし、カトリック教会は、同時に新しく開かれた世界に向けて福音宣教を積極的に推進した。

マリアは、宣教する教会の中において、イエスの母、神の母としての崇敬をもって愛された。東洋においても、また、ラテン・アメリカにおいても、宣教師たちは彼らの宣教活動を通して、カトリック教会における伝統的なマリア崇敬を伝えた。マリアへの崇敬が、新しい宣教地における教会の一致と存続を保証した事実もある。その一つは、日本のカトリック教会に見られる。すなわち、キリシタン禁制と鎖国の時代、日本の教会は体制的には崩壊したが、約三〇〇年間、信徒たちはキリスト教の信仰を秘かに保ち続けた。この迫害下の教会においては、マリア崇敬こそ信仰の保証であり、生存のための恵みでもあった。

宗教改革後のヨーロッパにおいて、カトリック教会が正統信仰を守るにあたって、マリア崇敬は重要な発展を遂げた。イエズス会は他の修道会以上に、マリア崇敬の新しい実践を支えた。マリア崇敬はそれまで以上に、一般信徒の信仰生活に刷新と熱意をもたらした。プロテスタントの批判にもかかわらず、マリア崇敬は外的にも内的にもカトリック教会の信仰生活を豊かにした。中世の教会から受け継いだマリア崇敬の祈り、信心、例えば天使祝詞、天の元后、お告げの祈り、ロザリオの祈りなどの実践は、プロテスタント教会における聖書の黙想や祈りと同様に、カトリック信者の信仰生活の特徴をなすようになったのである。この傾向は、宗教改革後のヨーロッパに起こった啓蒙主義の影響にも屈することなく続き、一九世紀のロマンチスムはマリア崇敬に新しい生命を与えるようになった。その一つの現れが、古代教会より受け継いできたマリアの無原罪の神学を、教会が信仰の教義として宣言するに至ったということであろう。その前後から、マリア崇敬に熱心な信徒に対するマリアの出現が語られるようになり、ルルドにおける出現のように、教会はその超自然的な現象を事実として認めざるをえない場合もあった。

二つの世界大戦を経たカトリック教会においてマリアに対する崇敬は、古代教会の教父たちの教えにある、マリアは死とともに心も身体も天に上げられたという「被昇天」の教えを、教会の普遍的教義として宣言するほどにまで発展した。しかし、第二次大戦前より、カトリック教会には古代教父たちのマリア崇敬以外の豊かな教えに対する研究が盛んになり、カトリック教会の刷新とプロテスタント教会との一致、現代世界における使命の実践などの新しいヴィジョンも語られるようになった。一九六三年、教会史上画期的な教会、司牧、神学に関する刷新が、全世界の司教が集まる公会議、第二バチカン公会議において討議、決定され、教会は改めて聖書と本質的な伝統に従って、プロテスタント諸教会との一致を求めながら、現代世界に対する福音宣教を実践しはじめたのである。第二バチカン公会議は、マリアを教会の母として崇敬し、マリアとの一体化のもとでキリストのもたらした救いの恵みを証ししようとしているのである。公会議後のマリア崇敬の一つの特徴は、処女にして母というマリアを貧しい人々とともにキリストの救いに与かる者の中に見出そうとしていることであろう。マリアは働き、イエスを抱えてエジプトへ避難しなければならなかったことを、マタイの福音は伝えているので、貧しい難民の中にマリアを見ることもできるわけである。

以上、教会の歴史を通して、マリアはイエスの母として教会の中において単なる歴史上の人物としてだけではなく、教会そのもののように愛されてきたことがわかる。彼女の受けた恵みのゆえにこそ、彼女によって、イエスに対して救いの恵みへの希望を教会は抱き続けるのである。

マリア信心の神学的要素

カトリック教会のマリア信心を歴史的に振り返ってみるとき、その多様性と神学的要素の強い影響が考えられる。その神学的要素とは、受肉と救済である。すなわち、神が人となったという信仰の神秘と、人となった神・イエス＝キリストの救いの神秘である。教会がこの世で続くかぎり、この二つの神秘とイエスの母マリアへの愛と神学的思索は深まっていく。

この神学的要素を理解せず、通俗的な神話化の法則をもとに、俗信や神話としてマリア信心の分析・解明に努める社会史学者や文化人類学者などの著作が、興味本位で求められている。本書では、このような問題は取り上げることができない。

受肉と救済

さて、マリア信心における受肉と救済というテーマは、根本的な表徴としてはパウロのガラテヤの信徒への手紙四章の四－五の次のような言葉がある。「しかし、時が満ちると、神は、その御子を女から、しかも律法の下に生まれた者としてお遣わしになりました。それは、律法の支配下にある者を贖い出して、わたしたちを神の子となさるためでした」

神が人となるという受肉の神秘において、パウロは「女から生まれ」と受肉の現実を具体的に考えている。マリアの母性に関して、長い教会の歴史は、信心を多様な表現をもって示した。その裏には、受肉の信仰が支えとなっている。俗信が母性賛美を生物学的現実のみにもとづいて無制限に発展させるようになったのは、ルネサンス以降である。マリアへの取次ぎの祈りにも、その傾向がある。

しかし、マリアへの取次ぎを願う神学的根拠は、「御子を…律法の支配下にある者を贖い出す」という言葉に求められる。マリアは抽象的に、単に生物学的目的のためにイエスの母として選ばれたのではない。「贖い」のため、特にパウロの時代に「律法の支配からの解放」することこそがマリアが御子の使命に参与するということを、後の時代では論理的に発展させることになった。例えば、マリアを単に血縁的にのみイエスの母と認めるだけではなく、イエスの母として、救いの神、イエスの父なる神によって選ばれたと考えるならば、マリアが育児や教育を通してイエスの救世の使命にも与ることは、自然な結論である。

ルカの福音は、イエスが一二歳のとき、神殿でマリアに叫んだ「わたしが自分の父の家にいるのは当たり前だということを、知らなかったのですか」（ルカ二の四九）という言葉で、マリアのイエスの救世の使命への参与を暗に示しているというべきであろう。今日のようにマリアを単に代理母と考えるのでなければ、それは当然な考え方である。

後の教会がマリアをイエスとともにイエスの贖いの業に与かるという意味で共贖者として信心するときもあるが、マリアを単に人間としてではなく、純粋な神の恵み（救いのための）にもとづいて彼女の使命を考えるかぎり、正当な信心である。現代のカトリック教会は、公のマリアの認識を、恵みの神学をもとに、教会の母という信仰で示している。それは、パウロのいう「キリストの身体としての教会」（一コリント一二の二七）という救済の神秘をもとにして救い主の母マリアを考えることによって、教会の母と認めることができるからである。マリアがイエスの母として選ばれたのも、パウロがいうように父なる神の「律法の支配下にある者を贖い出す」ためであるので、イエスの母マリアは救い主の母マリアでもあり、このような発想は論理的である。マリアの受けた恵みを考えるとき、教会の母マリアに対して、父なる神への取次ぎを、御子イエスに、人類のために願うことも、また、当然認められるべきであろう。

以上からも明らかなように、マリア信心の教会における発展は、受肉と救済の救いの神秘という神学的概念をもとに、神学的研究の発展とともに豊かに、多様的に進んできたのである。

注

＊1――四三一年、エフェソで開かれた第三回公会議。アレクサンドリアの総主教キュリロスとコンスタンティノポリス大主教ネストリウス及びアンテオケ学派との間で起こった論争の解決が目的であった。この頃一般化された「神の母」というマリアの称号に反対したネスト

リウスは破門された。その後の論争の末、結局はキュリロスの見解が決議となる。

第3章　現代人のマリア

マリアの信仰について

マリアの理性と信仰　キリスト教徒でもない現代人に、マリアはどのような意味を持っているのであろうか。福音書の伝えるきわめて表徴的なマリアに関する物語によって、根本的に人間とは何かを問い直すことができるのではないか。マリアの女性性と母性の根源的な理解は、人間にとっての普遍的な問題、性・生命・愛を中心に新しい人間性のヴィジョンを示すことができるのではないだろうか。新しい人間の生き方を探るヒントを得ることができるかもしれない。イエスの母マリアは、単にイエスを産み、育てたことにその人間としての意味を見出すことができた女性というだけではなく、そもそも、人間はいかに生まれるべきかを根本的に考えさせる問題を秘めているように思われる。

原始教会の人々がイエスの母マリアに対して深い感銘を抱いたのは、彼女の信仰に対してであろう。マリアに求められた信仰は、壮大なヴィジョンが含まれていた。それは、直接的にはイスラエルの救いである。救い主の到来は、すべてのイスラエル人が心から望んでいたことである。マリアもそれを真剣に願っていたであろう。そのようなイスラエル人が、預言をもとに待ち望んでいた救い主の母となるということが、いかに名誉なことであるかも自明なことであった。だが、天使がマリアに告げた救い主像は、すなわち、「生まれる子は聖なる者、神の子と呼ばれる」、そのために「聖霊があなたに降り、いと高き方の力があなたを包む」というものであった（ルカ一の三五）。これは、旧約聖書に語られている、不妊の女が子どもを産むようになる奇跡的な出来事とはまったく異なる次元の出来事であり、それを信じるということは、まさに前代未聞の信仰を要するのである。いかに盲信的傾向のある女性といえども、人間的な努力をもって信じられることではない。マタイの福音は、この出来事をイザヤの預言「見よ、おとめが身ごもって男の子を産む。その名はインマヌエルと呼ばれる」（マタイ一の二三）という言葉の実現と解釈しているが、マリア自身がどう解釈したかは不明というべきであろう。イスラエル人の神への信仰は、古代オリエントの宗教的な人々の迷信や狂信とは異なり、超越的な神への信仰を出エジプトの事件などをもとに得たものであるから、非理性的な信念などと同一視することはできない。人間の知恵によって神の思いをはかり知ることができないとしても、神の知恵は人間の理性を照らすものであることをイスラエル人は体験してきている。マリアの信仰は、彼女の理性をまったく否定することに成り立ってはいないはずである。その意味で、彼女の信仰は、自分の理性が神の知恵によって照らされることに信頼することにあったといえよう。現代人との大きな違いは、人間の理性を人間の精神的な力の限界に閉じ込めないということにあるといえよう。しかし、それは、近世ヨーロッパ人の好んだ理神論的信仰などのような宗教的合理主義でもない。マリアは確かに理性的な人間であるが、神に、超越的なイスラエルの神にすべてを委ねる限りない心の広さに恵まれていたというべきである。「お言葉どおり、この身に成りますように」（ルカ一の三八）という天使への答えに、それはよく表れている。

マリアは、なぜこのような態度において、決断が下せたのか。現代のわれわれのためには、少し説明が必要であろう。旧約聖書を伝えた人々、イスラエル人は、神の語りかけによって神を知ったのである。神の言葉という考え方は、どのような宗教にもあるが、彼らの場合、神の言葉は人間観や人間の考える根本的真理の投影ではなかった。神という人間を超越したまったく固有な存在の意思を意味していた。したがって、それは、人間の願望を超えていたり、人間の理性には不可解なこともあったが、その神の言葉が現実の歴史の世界で実現したために、超越的な真理性を認めざるをえなかったのである。

その点は、古代オリエントの預言宗教一般とは異なっていることを、イスラエル人は強く認識していた。それは、イスラエル人の独特な宗教体験であった。旧約聖書はその証言をいろいろな文学的様式で、後世に伝えようとしたのである。

信仰の母マリア

マリアは、ルカ福音が伝えているように、（受胎告知物語において）真剣に天使の言葉（神の言葉）を受け止め、単なる、われわれが考える宗教心よりも、真理そのものである神に対して自分の態度を決定する必要に迫られたのである。イスラエル人は、そのように神の言葉に従う決断を貫き通した先祖として、アブラハムを民族の父として崇めている。アブラハムは自分の先祖の宗教と民族的習慣さえも捨てて、語りかけてきた神に従っている。その神は、自分たちの多神教的宗教からは理解できず、その神に従って生きる自分の生涯に対しても、予測がつかぬ未来を示した。アブラハムの物語は、イスラエル人にとって、モーセの出エジプト物語に次いで重要な、彼らの神体験と民族の新しい生き方の根拠となる物語である（創世記一二―一三）。

マリアの信仰は、このような、旧約聖書を通して一貫している独特な神とその神の言葉に従う生き方にもとづいていることを考えるとき、現代のわれわれのように無神論的な合理主義、近世の啓蒙思想に親しんでいる人間にも、新しい理性と宗教的な真理に対する考え方を見直させることになる要素を含んでいるといえよう。

ところで、アブラハムに対する神の言葉によって示された将来のヴィジョンと、マリアに示されたヴィジョンを比較するとき、マリアは想像を絶した新しいヴィジョンのもとで神の言葉を受け入れることを迫られていることがわかる。不妊の妻から子どもを受けるアブラハムへの神の言葉の示す未来のヴィジョンは、「わたしはあなたを大いなる国民にし、あなたを祝福し、あなたの名を高める、祝福の源となるように。あなたを祝福する人をわたしは祝福し、あなたを呪う者をわたしは呪う。地上の氏族はすべて、あなたによって祝福に入る」(創世記一二の二―三)。マリアは「その子は偉大な人になり、いと高き方の子と言われる。神である主は、彼に父ダビデの王座をくださる。彼は永遠にヤコブの家を治め、その支配は終わることがない。……生まれる子は聖なる者、神の子と呼ばれる」(ルカ一の三二―三三、三五)というい かなるイスラエルの女性も、想像も願望もできない救い主の母となることを、神から求められたのである。

マリア信仰が、個人の願望や理解を超えて、いかに神の言葉の真理そのものを受け入れる行為であったかということが理解されなければならない。カトリック教会はマリアを、旧約聖書でアブラハムが信仰の父と呼ばれているのに対して、まず、信仰そのものの典型という意味で信仰の母と呼び、歴史的にマリア崇敬が教会の中で深まるにつれて、マリアを「知恵の座」と呼んで、彼女がいかに神の真理そのものを受け入れたかということを賛美するようにもなったのである。彼女ほど真理、真の知恵に生きることを望んだ女性は考えられないからである。

近世の啓蒙運動は、今日明らかなように、真理の探求そのものよりも、人間の限界を拒否して、人間の理性そのものを真理と主張する独断的思想にもとづいていた。ポストモダンを目指す人間の諸研究は、過去の啓蒙主義、具体的には近代性を克服する努力であるが、それが依然として新しい理性主義に閉ざされた真理探求に陥る危険はある。マリアの信仰が、人間と人間の知恵の限界を認めた賢明さの上に立つ、神の真理の追究を秘めていることを知るとき、現代人の理性的な生き方に対する重要な指針となるのではないだろうか。マリアの信仰生活は、福音物語で知るかぎり、絶えざる神のみ旨の追究であった。真理を愛する神こそ、人間の理性を解放し、より豊かに生かそうとするからであろう。

マリアの沈黙

沈黙こそ雄弁　新約聖書の文書が、マリアについて語ることが少ないことは確かであるが、マタイ、ルカ、ヨハネなどの福音におけるマリアの物語には、原始教会にすでに深いマリア崇敬があったことを示している。そうでなければ、あのような物語は伝えられなかっただろう。

ところで、マリアの物語においてマリア自身が語っていることは、どこまで彼女自身の言葉であるか、決定することは難しい。物語作者が想定したマリアと天使の対話（お告げ物語）やマリア賛歌の言葉にしても、マリアはイスラエルの救いの神の歴史を歌っているのみという印象も受ける。マリアの最も母親らしい自然な言葉としては、イエスが一二歳のとき、神殿に親には気付かれないようにして三日間宿っておられたことに対する、次のような言葉しかない。「なぜこんなことをしてくれたのです。御覧なさい。お父さんもわたしも心配して捜していたのです」（ルカ二の四八）。この場合にも、マリアはイエスの言葉（反論）の意味がわからなくて、沈黙をもって会話を終えてしまった。

この物語の作家は、「両親にはイエスの言葉の意味が分からなかった」（ルカ二の五〇）と述べている。それは、マリア、ヨセフの無知とか頑迷を咎める言葉ではない。同じルカの「イエスの誕生物語」において、天使のお告げを受けて、飼い葉桶に寝かされているみどり子を見に来た牧童たちの言葉に対しても、「マリアはこれらの出来事をすべて心に納めて、思い巡らしていた」（ルカ二の一九）とのみ語っている。

マリアは受胎告知の物語において、本心を「お言葉どおり、この身に成りますように」（ルカ一の三八）と語るとともに、受胎・誕生・幼少期・公生活において、

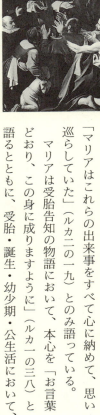

自分の意見をまったく述べなくなったということは確かである。ということは、物語作家のマリア理解を反映しているといえる。それ以上に、彼らのマリア観、マリア崇敬でもあると考えていいであろう。

マリアが真にイエスの母であり、ヨセフも父としての世話をしてきたことを、ルカ福音作者は認めていなかったわけではない。また、マリア、ヨセフをイエスにとって単なる肉親として暗闇に葬ってしまってもいいとも思ってはいなかったであろう。逆にマリアが、イエスの母としてのあり方についていかに深い受け止め方をしていたかということを示したかったのではないだろうか。そうだとしたら、マリアの沈黙こそ、彼らのイエスの母に対する崇敬の誠意の表現以外の何ものでもないといえるであろう。沈黙こそ雄弁なのである。この論理は、原始教会の文書、特に聖典としての新約聖書がイエスの母マリアに対して、歴史的な意味でのイエスの母という見方で見過ごしていたのではないことを証明するのではないだろうか。

マリアの沈黙が示すものとは　では、マリアの沈黙をどう解釈したらいいのであろうか。一言でいえば、決定的な神の救いの業に対する敬意である。彼女の理性にはわかりえないことであるが、そのために、理性を抜きにしたのではない。「マリアはこれらの出来事をすべて心に納めて、思い巡らしていた」（ルカ二の一九）のであるから、彼女は宿った子どもが神の子であったとしても、エデンの園におけるエバのように、「神のように善悪を知ろう」とは思わなかったし、それによって「賢くなろう」とも思わなかったのである（創世記三の五－六）。

現代の女性は、確かに、知的な研究において勝れた能力を示すことがある。男女の間に知的な能力の差を認めることは、女性に対する偏見かもしれない。イエスの母マリアは理性の考察を超えた神秘に対して心が開かれており、その神秘に対する人間の正しい態度を沈黙により示すことのできた女性ではないだろうか。特に現代の母親は、自分の子どもの心理を完全に解明することに誇りを感じ、一人ひとりの人間の生の神秘に口を閉ざすことさえ忘れてしまうことはないだろうか。理性と母性愛によって、自分の子どものすべてを知り、正しく秀でた子どもとして育てようとする母親は、どれほど子どもの人格的尊敬に心を閉ざしていることが多いことか。

しかし、マリアの沈黙の真の理由は、神のみ旨に対する従順に他ならない。すなわち、「お言葉どおり、この身に成りますように」（ルカ一の三八）という言葉で、その意思はまったく明らかにされている。とはいっても、マリアがイエスに対してどのような母になったらいいのか、考える必要がないわけではない。ルカの福音によれば、マリアはイエスを通常のユダヤ人の子どもとして育てている。パウロも、イエスが「律法の下に生まれた者」（ガラテヤ四の四）と述べているとおりである。イエスとともに神殿で献げ物をしたとき、イエスの受難に関する預言と思われる言葉がシメオンからつぶやかれ、「あなた自身も剣で心を刺し貫かれます」（ルカ二の三五）という言葉を、マリアは無言で聞き入れている。

マルコの福音は、マタイやルカと異なり、まったくイエスの誕生・幼少期物語を伝えていない。マリアに対する唯一の言及は、公生活においてマリアがイエスを探しに来たという物語であるが、そこでは、マリアの母性がまったく無視されたイエスの次の言葉が語られているのみである。「神の御心を行う人こそ、わたしの兄弟、姉妹、また母なのだ」(マルコ三の三五)。これは、マルコのマリア観の本質が表されている物語であろう。イエスの母マリアは、神のみ心、すなわち、イエスの父なる神のみ心を行うことにおいて真の母となることを心掛けて生きていたというのが、マルコのマリア観であった。では、神のみ心とは、どこに示されているのか。それは、御子イエス自身に他ならないので、マリアはイエスの弟子たちよりもより深くイエスに従って生きねばならなかった。それは、母の役割のみではなく、母の存在そのものを規定していたのである。

マリアの沈黙は、本質的に御子に対する従順であった。ここにおいてマリアの母としての召命がいかに彼女の救いの完全性をも示しているかも明らかになる。

主のしもべマリアと女性論

「主のしもべ」マリアの女性性　マリアのエリサベト訪問物語において、エリサベトはマリアを主の母と呼んでいる。「わたしの主のお母さまがわたしのところに来てくださるとは、どういうわけでしょう」（ルカ一の四三）。しかしマリアは、自分がイエスの母、主の母であることには直接答えず、マリア賛歌において、自分を「身分の低い、主のはしため」（ルカ一の四八）と言っている。受胎告知物語においては、「どうして、そのようなことがありえましょうか。わたしは男の人を知りませんのに」（ルカ一の三四）と答えたマリアからは直ちに考えられないマリアの自己認識である。マリアの処女性についての考え方が、しもべとしてのマリアの中に統一されたのであろう。処女性の真の意味を、しもべとなることに見出したといえよう。少なくとも、この両者を切り離して考えるとき、マリアの真の姿と生き方は正しくとらえられないであろう。

例えば、処女マリアへの崇敬からマリアを結婚前の純潔、また結婚生活における純潔の倫理的手本とするような倫理主義的マリア観や、最近のフェミニストの中には、マリアの処女性の強調にもとづくマリア信心が性別意識を生み出したと主張する傾向もある。彼女たちは、もちろん、マリアのしもべ性に関しても性差別の根源を見出すと主張するようである。これらの伝統的、現代的マリア観の不正確さ、不完全さは、福音書のマリア物語の正しい理解を欠いていたことに原因があろう。福音書の物語から倫理を学ぼうとするとき、物語そのものの、正しい、多数の理解の仕方があることにも心を開かなければならない。

「主のしもべ」という言葉は、マリアの受胎告知の物語を結ぶ言葉であるが、それは同時にマリアが女性としての自分をどうとらえたかをも示している。夫と同棲したこともないマリアが、聖霊によって懐胎するということは、現代人から見ればマリアの女性性も母性もまったく無視されているという印象を受けるが、マリアが女であり、母親にもなることのできる人間であるがゆえに、神から選ばれたことも確かである。

また、シモン＝ド＝ボーヴォワールのいうような「女になる」のは、いいなずけであった男ヨセフによってでもなければ、自分自身の欲望によるものでもなかった。マリアは神の言葉に従い、神の御旨を行うことによって女となり母となったのである。しかし、マリアと天使との対話から明らかになることは、マリアは自由に告知を受け入れて母となることを決断し、その決断を「わたしは主のはしため」という言葉で示している。

ここでわれわれは、マリアにおいて、まったく新しい女性の生き方を知ることができる。この新しさを深く理解するためには、創世記の第三章に語られている女性の典型としてのエバの物語を読み合わせてみなければならない。エバは食べることを禁じられていた知恵の木の実を手にする前に、誘惑者（蛇に表徴されている）との対話において、神に従う代わりにすべてを知って自分が賢くなることを自由に望んで、木の実を食べたのである。その結果、男アダムとの一致は破れ、死すべき生命の母となり、現代の女性性、母性の実存が現れるのである。

したがって、マリアの女性としての新しさは、まさに、神との一致の決定性にあるといえる。マリアの言う「主のはしため」という言葉は、それを表現しているのである。マリアの母性はエリサベトが認めたように「主のみ母」となることである。イエスの母となることによって、神の生命をこの世にもたらすことになる母性は、エバの場合とまったく異なる。このように主のはしためとは、女性性の新しさを表現しているといえよう。

しかし、この女性性の新しさは、すでに創世記における女性の創造物語において示されている。神は女性を「人が独りでいるのは良くない。彼に合う助ける者を造ろう」（創世記二の一八）と望んで創造したと語られている。「彼に合う助ける者」とは、確かに奴隷的なしもべではない。彼と彼女の関係は、「合う」、すなわち一致でなければならないからである。人格的な意味で「助ける者」であるのが女性の創造にあたっての神の意向であった。

現代の女性観は男女同権を強調するあまり、女性性の本質にある奉仕性は見失われる可能性がある。子どもの養育においても、奉仕性よりも自己主張を徹底することによって、支配力のほうが強く見られることがあるのではなかろうか。

マリアが自分を「しもべ」またはよりへりくだって「はしため」というとき、まず父なる神への従順さと、生まれてくる神の子としてのイエスに対する従順を意味するとともに、女性性の本質、すなわち奉仕性をも意味しているのである。

このような考え方は、自然科学や社会科学のみから肯定することはできないが、聖書の物語は神の啓示という根源的な次元において理解されなければならない。女性の本質に奉仕性をみるのは、家父長的文化にもとづくというような解釈に安住することは、文化人類学的還元主義に陥るだろう。

ところで、現代人がマリアの受胎告知物語において最も納得できないのは、マリアの女性性が結婚問題を飛び越えて、母性から解明されているかのような印象を受けるからであろう。カトリック教会のマリア信心におけるマリアの処女性への異常なほどの崇敬に対しては、結婚軽視の偏見を告発されることもまれではない。処女にして母なるマリアをどうしても生物学と社会学の知識から解明しようとすれば、私生児イエス論が現れてくるのも無理はないが、それは聖書の物語による表現の意味論を短絡的にとらえようとしているにすぎない。物語は物語としての固有な解釈が加えられるべきであり、その際、物語の意味はまた別な物語の中に求めることによって、物語の意味が全体的に明らかになるのを待つべきであろう。

そこで、マリアの結婚に関する物語として、マタイの福音のイエス誕生物語（マタイ一の一八－二五）を開いてみる必要がある。「イエス・キリストの誕生の次第は次のようであった」という句で始まる物語は、ルカの福音のいわゆる馬小屋誕生物語のように誕生の出来事そのものに中心があるのではない。「男の子が生まれるまでマリアと関係することはなかった」で終わっていることからみても、むしろ、ヨセフとマリアの結婚の次第を物語っているといっていい。マタイのイエス誕生物語は、マリアが処女にして母となったのは、ヨセフとの結婚生活においてであったことが明らかにされているのである。

マリアの結婚は、ヨセフが神を夢を通してその意思を示すことによって成立した。ヨセフもマリアも神の意思に従って結婚生活を始めたのである。

マリアの物語と倫理

聖書の物語の考察は、聖書学的に行われるのは当然であって、歴史的、文体批判的な方法が一般に用いられている。その目的は、救いの使信の正確な理解に向けられている。筆者はそのような方法論にこだわらず、現代キリスト者として、さらに現代一般の人間としての生き方の反省を、マリア物語の中に求めたいのである。教義の専門家にはまったく恣意な解釈とみなされるに違いないが、できるだけ正統な信仰をもって物語を読み、わが身の生き方を反省するつもりである。当然、そこには現代人の倫理的問題意識が働き、原意から離れることもあるに違いないが、筆者としては、説教師にみられがちな倫理主義的な偏りだけは避けたいと思っている。

受胎告知物語（ルカ一の二六―三八）　よく、通俗的に受け止められるように、もしこの物語が単に処女懐胎を正当化させる物語だとすれば、その目的は達していないであろう。「聖霊があなたに降り、いと高き方の力があなたを包む」という天使の答えは、マリアは別として一般の人間にとっては理解できるような答えではなく、むしろ、さらに大きな問いを投げかけられることになる。聖霊が包むとは何か、それによってどのように受胎が行われるのか、などという不可解な答えとなるだけである。処女懐胎を非科学的として斥け、啓蒙主義的立場をとったプロテスタント神学者もいるということである。この物語に書かれた頃のユダヤ教も、もちろん受け入れることができなかったであろう。

この物語を書いたルカをはじめ、原始教会の人々が、マリアの処女懐胎をユダヤ教の教えや人間の理性などによって解釈できる特殊な出来事などとは考えていなかったことは確かでありうるこの物語は、むしろ、マリアの深い信仰を賛える者が理性的に読まれるべきであろう。そう考えてみると、マリアの「どうして、そのようなことがありえましょうか。わたしは男の人を知りませんのに」という処女懐胎物語の一つの核となるような問いにもかかわらず、物語作者の意図は、物語の終りの「わたしは主のはしためです。お言葉どおり、この身に成りますように」というマリアの驚くべき信仰にあったのではないだろうか。このようなマリアの信仰は、神の恵みによるもの以外にありえないと信じている物語作者は、「おめでとう、恵まれた方」という天使の祝詞で物語を始めたのである。

したがって、この物語は、マリアの特別な信仰を物語るおとぎ話や神話ではない。マリアの理解した信仰にもとづく事実が、この物語における中心的な使信となっているからである。生まれてくる男の子は「いと高き方の子と言われる。神である主は、彼に父ダビデの王座をくださる。彼は永遠にヤコブの家を治め、その支配は終わることがない」という天使の言葉は、原始教会がキリストの十字架の死と復活を通して、その実現を信じた出来事であった。実は、この神の救いこそ、マリアの信仰の恵みの原因であったことさえ信じていた原始教会において、受胎告知の物語の本質を信仰物語としてルカは語ったのであろう。

ところで、この受胎告知の物語を信仰物語として読むとき、人間としてのマリアに関して、大きな問題が考えられる。すなわち、マリアはどのようにして神の子が人類の救い主として人となるためにマリアから生まれてくるという出来事を信じることができたのか、ということである。マ

リアの主体的な自由とか理性は、そのような信仰の中でどう生かされたのであろうか、考えざるをえない。

そこで、聖書の中でもう一つの人類的レベルで代表的な女性の物語を思い起こしてみたい。それは、創世記第三章の物語におけるエバと蛇との対話の後の決断の物語である。エバはあの古い物語において、われわれ現代人の心理を恐ろしいほどよく示している。彼女は確かに誘惑という状況の中で、自由に、主体的に自分の生き方を決断している。では、受胎告知の物語におけるマリアの自己、主体性、自由は、どう生かされているのであろうか。マリアは天使の現れや語りかけによって、理性を失ってしまったわけではない。「どうして。そのようなことがありえましょうか。わたしは男の人を知りませんのに」というマリアの言葉が、それをよく示している。また、「わたしは主のはしためです。お言葉どおり、この身に成りますように」という天使への返事も、自分を失ってもいないし、強制されたものでもない。

エバの物語において、まったく不思議に見えることに、神によって与えられたアダムも神も不在に感じられ、彼女の自立と孤独のみがあることである。このような状況は、神でもアダムでもなく、彼女自身が蛇との対話の中で自分で作り出してしまったのである。マリアの物語においては、マリアは神と天使との対話の中で、自分を意識していた。「マリアはこの言葉に戸惑い、いったいこの挨拶は何のことかと考え込んだ」のである。エバは独りになればなるほど単に自己を意識しただけではなく、自己を絶対価値の基準にすることを望んだのである。禁じられた木の実を食べることによって「神のように善悪を知る」知識を得たくなったと語られているとおりである。

この二つの物語から、人間の生き方の根本について決断を迫られることになるのではないだろうか。エバの決断は、現代人にいわゆる「神を演じる」高度な技術文化による生き方を選ばせている。飽くなき知識の獲得のために、主体的な自由を区別なく追求していく。自己は絶対的な価値となって神の立場も奪っている。このような自己、主体性、自由は人間関係さえも破壊して、恐ろしい孤独の中で死まで追求される。そこで死は人間の宿命として受け入れなければならなくなった。

人間にはこれ以外の生き方はありえないのであろうか。マリアの物語は、同じ人間としてまったく別なもう一つの生き方を示している。それは、神を演じることを辞めて、神によって造られた人間として、神との交わりの中で、真の人間として生きる道である。それは、神の恵みの中で、理性的に、自由に、主体的に決断することによって可能なのであろう。マリアはその道を神の恵みの中で選んだ、恵まれた人なのである。カトリック教会はマリアを新しいエバとして崇敬することを見出している。現代のカトリック倫理は、物語としての聖書から、掟や原則を中心とした倫理を見直そうとしている。その際、マリアの物語に根本的な意味を求めるのである。

マリア賛歌（ルカ一の四七―五五）　このマリア賛歌は、エリサベト訪問という物語（ルカ一の三九―四五）の終りを飾るマリアの救いの神に対する信仰告白といっていい。マリアの訪問を受けたエリサベトが、マリアを「わたしの主のお母さま」と賛えたことに対して、マリアはイスラエルの主なる神を賛えて歌ったのである。

しかし、この歌は、イスラエルの神の救いの大きな物語を歌っている。聖書の民が神の救いの歴史的出来事を物語として伝えていることは、意味深い。彼らが民族的に宗教的哲学より文学を好んだなどとはいえない。ユダヤ教のラビたちの聖書釈義などからわかるように、彼らの宗教哲学的考察の伝統もないわけではない。救いの出来事が物語として伝えられてきたことは、彼らに語りかけ、救いを実現した神に対する、彼らの生き方の現実を伝えるに最も適していたからである。彼らは救いの恵みを哲学するよりも、生きたのである。それは、彼らの信じる神が「生ける神」であった現実を証ししている。

受胎告知の物語において、マリアの受けたまったく新しい恵みは、このイスラエルの歴史を通して実現された救いの大きな物語の中で語り伝えられるべきであると、原始教会は信じていたのであろう。おそらく受胎告知の物語も、「シオンの娘」（ゼファニヤ三の一四―一五）の預言的物語をもとにして、語られたのであろう。

エリサベトは、個人としてのマリアの信仰を賛えて「主がおっしゃったことは必ず実現すると信じた方は、なんと幸いでしょう」と言っている。しかしマリアは、その幸せをイスラエルの民に属する者として、より大きな救いの物語の中で認め、感謝している。恵まれたマリアの喜びは、イスラエルの民の救いの喜びにおいてこそ、「今から後、いつの世の人々も、わたしを幸いな者というでしょう」と拡大していくのである。マリアは新しい神の民イスラエルにとっての「シオンの娘」であることを深く意識しているからこそ、神を賛えているのである。そこに、原始教会のイエス＝キリストによる救いの喜びが現れていると考えざるをえない。

現代人のわれわれにとって、個人としての主体的な自由にもとづく人間の幸せに欠けているのは、まさに人類共同体における喜びである。自己と他人、個人と教会という分裂を乗り越えることができてこそ、真の「私」の幸せがあるはずである。われわれにはマリアのように「身分の低い、この主のはしためにも目を留めてくださった」者に対する信仰がないので、人類的な真の共同体意識から程遠いのが現実である。現代人の個人主義に対して、合理的な共同体意識と連帯感を促進させる運動や社会哲学の見直しが叫ばれている今日、キリスト者は教会を通してキリストの身体の人格的共同体が人類的一致のために必要であることを、かつてなく感じている。そのためには、マリアのような救いの神の恵みによる人類共同体の連帯的生き方に希望を託す以外にないであろう。

ところで、マリアが自分と一体的に意識していたイスラエルの信仰共同体とは、どのような人々であったのか。マリア賛歌は、神がマリアに与えられた恵みに対する賛美だけではなく、マリアの属するイスラエルの民に対する救いの恵みの賛歌であった。その民とは、マリアによれば、身分の低い者、飢える者であり、ただ神を畏れる者であったので、マリア賛歌においてははじめにマリアは自分を「身分の低い、この主のはしため」と言い、賛歌を主が「その僕イスラエルを受け入れて、憐れみをお忘れになりません」と結んでいる。

以上の受胎告知、エリサベト訪問の物語は、単にイエスの母マリアを崇敬するだけではなく、マリアの中に僕イスラエルの最も恵まれた一員を見出し、マリア物語が同時に聞く人にイエス＝キリストの救いにもとづいた新しい人間の個人、民族共同体の生き方、それは取りも直さずマリア物語を書かせ、それを受け入れた原始教会、特にルカの福音が読まれた教会の倫理を示しているといえる。

第4章　歴史と終末から見たマリア

神の母マリア信仰の歴史

神の母マリアについて　エフェソ公会議（四三一年）以降、古代教会はマリアのことを単にイエスの母ではなく、神の母と呼び始めた。それはマリアの宿した子イエスが、真に人となった神であることを、異端を排して公に宣言したことから、イエスの母を神の母とも呼んで、マリアの選びの恵みを賛えたのである。

このような呼び名に対して、マリアを神格化する恐れありとして、現在多くのプロテスタントは反対しているようであるが、神が無名な一人の女性に神である救い主を宿すという恵みを与えたことに、神の人類に対する人間にははかり知れない愛をできるだけ深く考えてみたいと思うのである。

人間が偉人や聖者を神のように敬い、畏れるということはよくあるが、神が人間に神の子を宿させるほど深く関わるということは、人間にはどれほど考えても思い及ぶことではない。神の全く自由なイニシアチーブによる行いと考える以外ないので、マリアを御子の母として選ばれた父なる神という方の人類に対する限りない愛を思わなければならないのである。

このような考えによれば、マリアを神の母と呼んでも、子であるイエスの神性までマリアが創造したかの如く考えるというような、母性神話の類いの発想は完全に避けられるのである。

神の母マリアの呼び名を、人間マリアの受けた神の恵みの限りなさを賛える以外の意向をもって呼ぶことは聖書と原始教会の忠実な伝承から生まれてくることではない。マリア信心が、母性神話などを基にした通俗的、神話的信仰表現になる危険は常にあったが、教会はそれらを常に警戒し、行き過ぎを批判してきた。現代のように西欧の神学、文化人類史などの専門的研究は、あらゆるマリア信仰の通俗と教会の一貫したマリア神学との区別なども明らかにすることができる。マリア、特に神の母マリアという信仰を、女神崇拝神話のようにとらえて解明しようとする啓蒙主義的研究や主張は、教会の一貫した信仰とは相容れないものである。

カトリック教会の最も普遍的なマリアに取次ぎを願う祈り、天使祝詞（アベ・マリア）には「神の母聖マリア今も臨終の時も祈りたまえ」という言葉があることから、聖人への取次ぎの祈りを認めない多くのプロテスタントは、この祈りこそマリアを神格化し偶像としている証拠のように非難することがあるが、カトリック教会はマリア自身全く神のみによって救いの恵みを受けた者であり、恵みは神からのみ与えられることを主張するので、マリアの神格化など考えることができない。

しかし、恵まれた人間としてマリアはその恵みの限りなさ、即ちイエス＝キリストの十字架の死と復活による人類の救いの恵みの限りなさ、しかも彼女が初めにして最も完全に受けた恵みを人類のすべてに分かち合う恵みを持つことは、全く自然に考えられることなので、マリアへの取次ぎを願うことも極めて自然と考えられる。神の母聖マリアという呼び名を教会が認めるようになって以来、マリアは人類にとって新たな意味を持つ存在として考察され、親愛を抱かれるようになったことは確かである。マリアを神の母と呼ぶようになった五世紀以降、教会におけるマリア信心はますます深く拡められるようになった。

伝記的には捉え切れないマリア

イエスに関して、史的イエスと信仰のイエスと区別し、イエスの史的研究に集中する傾向があるが、イエス自身の現実はこのような分離的方法ではとらえられないであろう。

マリアについても同じことが言えよう。イエスの肉体的な母としてのみマリアをとらえようとすれば、人間としてのイエスの母は偏ったとらえ方になる。人間は肉体のみではなく精神と一体になっている存在であるから、肉体のみを分離して考えることによるマリアの母性理解に留まるべきではない。特にイエスの場合は人間性と神性も子なる神という神的位格の下で一体となっているので、マリアをイエスの母として単に伝記的にとらえるだけでは、マリアの現実を歪めることになる。そこで、イエスの母マリアはイエスの神性のゆえに神の母と呼ばれるべきなのである。もちろん、そのために人間イエスの母が見失われてはならない。

神の母マリアというマリアの捉え方は、マリアの子イエス自身に対する五世紀の教会の統一的理解、即ちイエスにおいて、神と人は真に一体であり、イエスに人間性のみを認めるとか、逆にイエスは神であったといって神性のみを認めるという分離的見方を排したことから起こった。それは聖書の言葉を神の言葉として信じることからの認識であるから、信仰による理解であることは確かである。

マリアに関しては、イエス以上に、伝記的研究は限られるが、マリアの子イエス自身に対する信仰による理解が深まれば、当然、マリアに対する見方も伝記的観念や事実を超えて、イエスに対する信仰から見直されなくてはならない。

したがって、エフェソ公会議がマリアを単にキリストの母ではなく、神の母として宣言した時、マリアを伝記的研究としてのみ考える代わりに、マリアの子イエスへの信仰を基にしてマリアを考え直すことが始まったのである。

ところで、マリアが神の母と呼ばれても、この神とはイエスにおいて、人類の救いのために人となった神であるから、抽象的な神性理解とそれから来るマリア賛美に受け取られてはならない。マリアはイエスにおける救いの神をこの世にもたらしたという意味での神の母なのである。

したがって、神の母マリアは伝記的観念のようにイエスの地上における人性の母という見方を超えて、神の救いの歴史全体から、イエスの母として見ることを意味している。マリアはイエスの母となることによって、救いの神御自身に最も深く結ばれた人間として考えられなければならない。

そう考えることによって、人間マリアはイエスの誕生から十字架の死と復活まで、イエスの母として救いの神に選ばれ、その計画に参与したことになるので、神の母として理解されるのである。これは伝記的理解の及ばない救いの神に対する信仰の神秘にもとづく理解である。

ルカの福音書はマリアの受胎告知において、マリアが新しい救いの神御自身の啓示に与かっていることを物語っている。告知の主体者なる神と生まれてくる子と聖霊の働きを通して、三位一体の神の救いの計画に与かることになることを明らかにしている。

マリアの「お言葉どおり、この身に成りますように」(ルカ一の三八)という信仰の答えは、マリアを単に伝記的な意味でのイエスの母ではなく、救いの神御自身に対する完全な自己奉献によって、神の母となったことを示している。

救いの神への信仰をもってマリアを眺めるとき、伝記的に見られた彼女の言葉や徳の行いなども、伝記的に合理的な解釈を超えた独特な意味が現れてくる。したがって、マリアを一般的な聖人君子のカテゴリーで理解しきることができなくなる。

例えば、伝記的物語の筋を辿っていけば、マリアは確かに処女にして母となったことになるが、それをどのような聖徳として理解していたかは、伝記的意味付けは難しい。歴史学的真理を唯一の根拠としてマリアの生涯の伝記的解明を行うとすれば、マリアはいいなずけヨセフの他に、ローマ軍の一兵士との交わりを持ち妊娠していたのだという説明を推定するようにもなろう。同じような解釈は一、二に留まらない。

しかし、もし「処女にして母」ということに宗教的理解があるとすれば、強いて伝記的事実を合理的解釈する必要はなくなろう。

要は、マリアの生涯を歴史的に伝記的方法で解釈しても、彼女の生涯の意味を客観的に明らかにすることはできないのである。そもそも、彼女は自分のイエスの母という生涯を、彼女自身にも想像できなかったような神の新しい救いの計画に対する信仰を基にして、生き貫こうとしたのである。

マリア神学と終末的完成

神の母マリアの神学的意味　「この子にしてこの母あり」という格言を考慮すれば、イエスの母マリアは、イエスがどのような存在であるかが明らかになるにつれて、より深く見直されてくるのは当然である。

古代の教会にとってはイエスが真に人となった神であるという神秘を正しく受け止める努力に専念してきたが、エフェソ公会議で、イエスにおける人間性と神性との一致を神学的に確立されたことによって、イエスの母マリアに関する神学的理解も深められる可能性が出てきた。

そこで、マリアの受けた神の恵みの意味も更に深く考察されるのである。まず、イエスが全人類の救い主であるとすれば、マリアがイエスの母となるという選びの恵みも、子であるイエスの救いの実現でなければならなくなる。そうなるとイエスとマリアの関係は単に伝記的な母子関係という事実に留まらなくなる。マリアが救い主であるイエスの母となる選びの恵みは、イエスの救いの恵みが前もって与えられていなければ、イエスの母としては相応しくないということが神学的には考えられる。したがって、マリアは生まれた時から、他のどんな人間よりも神との深い一致の状態を生きる恵みを受けていたということが考えられ、また生まれた時から原罪が赦されていたという、特別な恵みの中で生涯を始めたという信仰が古代教会の中に拡まってきたのである。これは伝記的事実関係の推理からは生まれてこないが、信仰から見れば極めて論理的なことである。

教会は古代、中世と長い間、いわゆるマリアの無原罪の御宿りという信仰を神学的に正当化し、保ってきたが、一九世紀に至って初めて、絶対に誤りのない信仰として宣言したのである。

次にマリアの処女性に関しての神学的考察も独特な発展を遂げる。伝記的にはマリアの証言通り、婚約者ヨセフと同棲していないので、マリアの処女性は事実であったが、イエスの母、しかも神の

母となることによって、この処女性は特別な神学的意味を持つようになる。神はマリアのヨセフの婚約者としての処女性を、聖霊による受胎の証しとして生かすことになったからである。したがって、マリアの処女性は、救い主をこの世にもたらすことに与かる恵みとなったのである。このようなマリアの処女性は純粋に神の恵みとして賛えられなければならない。純潔倫理から見た処女性の善は前提とされているが、マリアにおいて、その善は全人類の救いの恵みから見直されるとき、神の恵みとして全人類の賞賛と感謝の原因ともなる。したがってイエスの母マリア、神の母マリアに対する最も普遍的な呼び名として「処女マリア」が親しまれるのも当然である。

しかし、マリアの処女性はその聖なる母性と切り離すことはできない。マリアの母性は、ルカの福音が伝えているように、伝記的な事実としてまず受け止められるが、その生物学的母性は聖霊の働きに与かって実現したのである。聖霊の働きは旧約聖書においても人類の救いの実現とともに見られるので、聖霊による処女マリアの受胎は新約聖書における救いの決定的実現に相応しい出来事である。抽象的にたんなる奇跡としてのみ考えられるべきではない。神の新しい創造の業の初めと見なされるべきである。

したがって、処女にして母なるマリアは人類の救いに人間としては最も直接的、最も根源的に参与する恵みを受けたことになる。マリアにおける処女性や母性の生物学的性は神の救いに与かることによって、人格的な性、しかも神的人間性に与かる恵みを受けたのである。この現実を最も明らかに表現するのは神の母マリアという神学的概念である。

イエスの母マリアという神学は主として神の受肉の神秘にもとづき、マリアの歴史的伝記的事実を中心とするが、神の母マリアにもとづく神学は、受肉の神秘と共に三位一体の神の神秘を基にした救済の神秘に開かれ発展していく。ここにカトリックのマリア神学とプロテスタントのマリア神学との違いがある。救済論的マリア神学はヨハネの福音書におけるキリストの十字架の下において、キリスト・マリア・教会の神秘が示されていることに根拠付けられる。マリア論と教会論がカトリック神学において深く結び付けられるのも、ヨハネ福音書の伝承を根拠としている。

人類の救いの完成とマリア　キリスト教の救いは歴史の終りをもって完成するので、イエスは終末的救世主として決定的な救いをもたらすと信じられている。そこで、イエスの母としてのマリアの使命も終末的救いに関わると考えられる。既に、キリストの十字架の死と復活という救いの出来事は、終末的救いを表徴する完全なものである。したがって、イエスの母マリアの生涯も人類の終末的意味をもつものと解釈されるべきであろう。

新約聖書の最後の文書、ヨハネの黙示録において、ヨハネは終末的救いのヴィジョンを映像化して述べている。その中に、マリアの使命も表徴的イメージで語られている。古代教会はマリアの使命をヨハネの黙示録を基に終末的なものとして二世紀以来黙してきた。その伝統は現在まで生かされ、最近の教皇回勅『いのちの福音』はヨハネの黙示録にもとづくマリア神学で終わっている。以下、ヨハネの黙示に示されたマリア像を基にマリアの終末的救いのヴィジョンにおける使命を現代の世界の状況から考えてみたい。

黙示録のマリア像は「身に太陽をまとい、月を足の下にし、頭には十二の星の冠をかぶっていた」（黙示一二の一）と描かれている。この表徴の意味することはマリアが救い主と完全に一体となってイスラエルの一二部族の救い、ひいては人類の救いを完成する使命を歴史を通じて完成するということである。しかし、この終末的な救いの完成は、御子の受難と死がその原動力であることが、より深く受け止められなければならない。

ところで、マリアが単に伝記的に考証するだけでとらえられる歴史的な人物として何らかの教訓を学び、人間の生き方を啓発するだけであると、古代教会以来、少なくともカトリック教会、ギリシャ正教教会などが考えない理由は、マリアを神御自身が子なる神の受肉に当たって母として選んだという、神の人類救済の計画にある。マリアの使命の終末的な意味も、聖書が啓示する救いの神への信仰から理解されるべきである。ヨハネの黙示録は、そのような信仰にもとづくヴィジョンである。

したがって、原始教会（新約聖書を書き残した教会）、古代教会（新約聖書を基に古代ギリシャ・ローマ文化の中でキリスト教の救いを自覚していった教会）から現代に至るまで、キリスト教は世界の歴史の中で、常に大きな迫害に耐えて発展している。もちろん、キリスト教は信仰とともに正しい人間の理性を重視しているが、教会の歴史及び人類の歴史が苦難と試練の中で進展し、発展、完成されると信じている。

そこで、ヨハネの黙示録はマリアと教会を同一視して、神の救いの計画に世の終りまで参与するものというヴィジョンを表徴的に物語っている。したがって、黙示録は、「身に太陽をまとい、月を足の下にし、頭には十二の星の冠をかぶっていた」マリアに対してもう一つの表徴的存在を描いている。それは「火のように赤い大きな竜である。これには七つの頭と十本の角があって、その頭に七つの冠をかぶっていた」（黙示一二の三）という奇怪な存在である。これは、「歴史に働きかけ、教会の使命に敵対するあらゆる悪の勢力、悪の体系的な力であるサタン」を意味すると回勅『いのちの福音』（二二一ページ）で説かれている。

黙示録は更に、「竜は子を産もうとしている女の前に立ちはだかり、産んだら、その子を食べてしまおうとしていた」（黙示一二の四）と続けて述べている。

したがって、黙示録のマリア像には、人類の終末的救いに深く関わり、教会とともに御子、キリストを世に伝え、多くのキリスト者を産み守る使命が表徴的に示されている。

現代のカトリック教会においてマリアに対する信心が他のいかなる聖人とも比べられない、現実性とダイナミズムと活気を持っている理由は、このマリアに対する黙示録的信仰にもとづいて理解される。

また、いわゆるマリアの出現体験者を通してのマリアのメッセージは前世紀以降、救いの終末的完成に向けての預言的勧告であることが多いのも、今日のマリア信心の一つの傾向を示している。

いずれにしても、マリアは多くの聖人のように、彼らの歴史的状況における信仰の証人である以上に、全人類の救いの歴史に通じる信仰の証人として教会の中で尊ばれ、親しまれ続けているという意味では、全く独特な人間であり、限りない神の恵みに常に希望を抱かせる使命をも経た聖人であることは確かである。

第5章　マリア崇敬の主なテーマ

マリアの処女性と母性

マリアの処女性

ルカの福音によるいわゆる受胎告知によれば、マリアは婚約者であったヨセフと同棲する前に、天使から聖霊による受胎が告げられているので、マリア自身による処女性は明らかである。「どうして、そのようなことがありえましょうか。わたしは男の人を知りませんのに」（ルカ一の三四）。

したがって、マリアがイエスの母となっても処女性は母性とともにマリアの生き方の本質的特徴として大きな崇敬を受けることになった。処女なる母という呼び名はマリア崇敬の重要な要素となっている。その重要性は単に性の倫理から考えられる純潔という倫理的価値に留まるものではなく、マリアの神の召出し、即ちイエスの母となる使命における忠実性という、神学的評価にもとづくものである。教会はマリアがヨセフと同棲するようになっても、イエスの母としての召命への忠実さのゆえに一生処女として留まったと説いている。処女性は愛する者への忠実性の表徴として考えられるとき、人間として生まれてきた神なる救い主への信仰と愛に対する自己奉献として、貫かれるべき人間の根本的生き方となる。処女マリアへの崇敬は彼女の救いの神への信仰と愛を深く考察し、黙想する結果をもたらす。

もちろん、処女マリアへの崇敬は性の倫理における純潔の価値も、神学的根拠からより深く評価され、福音的勧告にもとづく修道生活においても本質的評価を受けることになった。中世初期以降の修道生活において、処女マリアの崇敬は極めて重要な修徳の目標ともなった。それは性的禁欲を守るだけではなく、マリアにおける処女懐胎の受容が主の御旨に従うことを意味していたので、主に従う修道生活の本質を表徴する生き方となるからである。

マリアはヨセフと同棲し、幼子イエスとともに、いわゆる聖家族の生活を送っても、教会は処女マリアとして崇敬する。ヨセフと同棲しても処女性はイエスの母としての神からの召命を貫くためのマリアの生き方の本質的特徴であったと古代教会から信じられてきた。

マリアの婚約者ヨセフも、マタイの福音書に語られているように既に懐胎しているマリアとの同棲生活を神からの御旨として受け入れたのであるから、童貞生活を守ったと考えられる。マリアもヨセフも各々全く固有な召命、即ち神の御旨に従う生活が性的な完全禁欲を実践させたのである。

本来、聖書の宗教には、ギリシャ・ローマの哲学、宗教思想の一つであるストア派のように、性欲を悪と見なして、禁欲によって修徳する思想はない。

したがって、マリアの処女性の意味を考えるとき、マリアの神の言葉への信仰と忠実さを貫いた彼女の具体的な生き方を考えるべきである。処女マリアの崇敬においては、処女にして母となることを告げる神の言葉に対する信仰の純粋さを考えてみなければならない。ルカの福音の受胎告知の物語を考察、反省してみれば、いかにマリアに神の言葉に対する純粋な信仰が求められているかがわかる。それは神の恵みによる以外あり得ない純粋さである。物語がマリアへの恵みの賛美「恵まれたマリア」で始まっているということに原始教会のイエスの母マリアに関する信仰を認めることができる。原始教会は肉体的な意味での処女性賛美ではなく、マリアの受けた信仰の恵みを明らかにするためにルカの受胎告知物語を伝承したのである。マリアの処女にして母という恵みは、マリアの信仰なくしては実現しなかったことに物語の中心があり、マリアの「お言葉どおり、この身に成りますように」（ルカ一の三八）という言葉で物語は終わっている。

旧約聖書の伝えるアブラハムを信仰の父と呼ぶなら、彼とは比較にならない神の言葉への信仰の純粋さを表徴する、マリアを処女マリアと呼ぶことに限りない意味深さがある。神の言葉が肉となるということを信じる信仰は、アブラハムの信仰に比ぶべくもないからである。アブラハムにはない己を無にした神の言葉への信仰は、マリアの処女性に深い意味を与える。即ち、神の前における人間の虚しさと貧しさを証しするからである。それはマリアの比類なき母性への思考をもたらす。

母性

要するにマリアの処女性は、聖霊によって神の子イエスを受胎するためのマリアの信仰と自己奉献を意味している。したがって、マリアの処女性は母性と深く結びついており、母性もまた処女性が支えているといえる。自然的には、処女にして母となることは不可能であるから、神のみの救いの業であり、マリアはそれを「お言葉どおり、この身に成りますように」（ルカ一の三八）と受け入れたのである。それは、最近の代理母のような単に出産するだけで母とはなれない場合とは違い、受胎の方法は聖霊による超自然的神秘であるが、受胎の時からマリアはイエスの母、神の子の母となることを神から、即ちイエスの父なる神から求められたのである。

ルカの福音書及びマタイの福音書は、共に誕生・幼少期のイエスに対してマリアがいかに通常の母として生きたかを伝えている。しかし、マリアの母性愛は処女性に示された神への信仰にもとづいているので、常に信仰がその本質をなしている。その意味でイエスの幼少期の物語はマリアの信仰の証しを伝える福音でもある。イエスの誕生、神殿での奉献、一二歳の時のイエスの行動を伝えるルカの福音書は、信仰にもとづく母親としての試練を証ししている。マリアがいかに信仰にもとづく母性を生きてきたかは、イエスの公生活における次の物語からも明らかである。イエスは「なんと幸いなことでしょう、あなたを宿した胎、あなたが吸った乳房は」という群衆の中のある女の叫びに対して、「むしろ、幸いなのは神の言葉を聞き、それを守る人である」(ルカ一一の二七—二八)と答えている。

このマリアの信仰にもとづく母としての幸せは、アブラハムの信仰により不妊の妻サラがイサクを宿して得た母の幸せとは比べることのできない、神の救いの業への信仰にもとづいている。イエスの母マリアは神の受肉による人類の救いのために母として生きているからである。したがって、教会はマリアを単にイエスの母として崇敬するだけではなく、キリスト信者の母、教会の母としても崇敬を拡大する。マリアはキリストによって救われるべき全人類の母としても崇敬されている。

イエスの母マリアが処女にして母であるという信仰こそ、マリアの母性をこのように神の救いの業に与かる者としての崇敬と信頼を深める原因となる。処女にして母なるマリアの選びは、神の受肉の神秘と深く関わる神の救いの神秘でもあるから、マリア崇敬はキリスト教の救いの信仰にもとづくので、自然的母性の神話化とは一線を画するものである。

マリア崇敬が信仰から離れて、母性愛神話にもとづき俗信となる可能性は少なくないので、教会はマリアへの母性崇敬が大衆化し、一般化されるとき、常に警戒と批判を怠らない。しかし、マリア崇敬の俗信化を恐れて、福音主義的イエス信仰に閉じこもる場合も、受肉による救いの神秘への信仰を軽視、または無視する啓蒙主義に陥る危険がある。

その意味で、キリスト教信仰の正統性は、処女にして母なるマリアに対する信仰の態度から判断すべきであろう。教会の歴史を振り返るとき、教会は異端や俗信を排しながら、正しいマリア崇敬を深めていくことによって、キリストへの信仰を拡めることに成功している。

マリアの母性崇敬とともに、マリアへの取次ぎの祈りも教会の歴史には古くから行われていたことは明らかである。プロテスタントの宗教改革は、マリア及び聖人たちへの取次ぎの祈りは、神と人間との間の唯一の仲介者イエス＝キリストに対する信仰を曖昧にし、弱めるという批判の下に禁止した。これは当時のカトリック教会の中での行き過ぎに対する反抗であったとしても、極端な反応であり残念ながら、現代までも続いている。キリストの受肉の神秘への信仰から考えるなら、キリストの神性とともに人間性も正しく受け止める必要があり、マリア崇敬やマリアへの取次ぎの祈りにいかに行き過ぎがあり得ても、それら一切を禁止することはキリストの人間性への信仰を弱め、キリストの神性の強調のみに傾くのではないだろうか。最近のプロテスタントにはマリアを神格化する危険を避けて、マリアへの崇敬を回復しようという動きが見られるが、教会の歴史全体から見れば健全な傾向であろう。

イエスの死とマリアの祈り

受　難　処女にして母という恵みに生きたマリアは同時にイエスの受難と死を受け入れなければならなかった。マリアの母としての苦難に対して、悲しみの聖母の崇敬はマリア崇敬の大きなテーマでもある。マリアの母性がイエスの受難と死に深く結びついていることは福音書におけるマリア崇敬の特徴である。

ルカの福音書は幼児イエスの神殿における奉献に際して、老シメオンはマリアに次の預言を伝えている。「あなた自身も剣で心を刺し貫かれます」（ルカ二の三五）。これはイエスの受難の預言「この子は、イスラエルの多くの人を倒したり立ち上がらせたりするためにと定められ、また反対を受けるしるしとして定められています」（ルカ二の三四）という言葉にもとづいている。ヨハネの福音書においては、イエスの口から初めてマリアの母性が公にされる。「母に、『婦人よ、御覧なさい。あなたの子です』と言われた」（ヨハネ一九の二六）。イエスは十字架の死と復活によって、人類の救い主となったのであるから、イエスの母マリアの母性も御子と受難をともにすることによって完成されるという考えが示されている。ヨハネの福音書によれば、イエスは弟子たちに苦難の母を「見なさい。あなたの母です」と言い、「この弟子はイエスの母を自分の家に引き取った」（ヨハネ一九の二七）と伝えている。

不思議なことに、マタイ、マルコ、ルカの共観福音書においては、イエスの母マリアが十字架の下に立っていることは述べられていない。それは共観福音書とヨハネの福音書との神学の違いによるものであろう。マタイ、ルカのイエスの幼少期の物語においてイエスの母マリアが語られるが、ヨハネの福音書においてはイエスの母マリアはイエスの公生活の中、受難において語られているという福音書の記述の計画も異なる。

著名なミケランジェロの十字架から降ろされたイエスの死体にとりつくマリアを表した、いわゆるピエタの彫刻は聖書の記述にもとづくより、悲しみのマリアへの崇敬が生んだ想像である。イエスの母マリアの悲しみを人間的に想像することは自然であり、正しいことであるが福音書においてはマリアの悲しみはイエスの受難同様、神の救いの計画、栄光（全能）において理解されている。イエスの神殿の奉献において母マリアの母性と栄光が現れ、十字架の下におけるマリアにイエスの母としての母性と、教会の母としての母性が、十字架の死と復活を通して現れる神の栄光の下に明らかにされている。

したがって、福音書はマリアの受難を人間的な悲しみを超えて、神の救いの計画の啓示と栄光の中でとらえようとしている。それは、マリアの悲しみの意味を高める。おそらく、マタイ、ルカの誕生・幼少期におけるマリアも、イエスの受難、死、復活に与かる母を無視して語られたものではないことが、物語の分析から現れてくるであろう。

共観福音書はマリアの悲しみ、苦しみをイエスの受難、死、復活から切り離して、人間的にのみ黙想し、同情の対象とすることを避けるために、イエスの十字架の下にマリアが立つ記述を省いたのではないだろうか。

いずれにしても、マリアの受難はイエスの受難からのみその真の悲しみと栄光が明らかになるので、いかなる自然な正しい母子感情にも留まるべきではない。悲しみのマリアへの崇敬において、この点が重視されなければならない。

マリアがどのようにイエスの受難と死に耐えたか、マリア自身の口からは聞くことができない。そもそも四福音書におけるマリアは誰からも注目されていない。例外はルカの福音書におけるエリサベトの賛辞である。「主がおっしゃったことは必ず実現すると信じた方は、なんと幸いでしょう」(ルカ一の四五)。

このようなマリアの無視及び沈黙に対して、イエスのみが彼女の生き方の根本的態度を暗示的に語っている。それはイエスが母と兄弟が迎えに来たという知らせに対して、「誰でも、わたしの天の父の御心を行う人がわたしの兄弟、姉妹、また母である」(マタイ一二の三〇)と答えた言葉から察することができる。イエスは母マリアを父なる神の御旨を行う人として尊敬していたのである。したがって、マリアこそイエスの受難の十字架の死と復活に対して、イエスの父なる神の御旨を受け入れ、人間的な感情や評価を口にすることはなかったのである。イエスとともに神の恵みが与える限りの深い一致を父なる神に捧げていたと考えるべきであろう。もちろん、そのように全く神の御旨に従うことは、人となった神、イエス＝キリストと同様、深い悲しみと苦しみを伴うことは確かである。

マリア崇敬を表す古代教会に始まった聖画（イコン）におけるマリアには、御子イエスを抱く悲しみの顔に深い尊厳が表現されている。マリアの受難が自然的悲しみを超えて神の人類に対する愛の真剣さへの黙想にもとづいて書かれているからである。

マリアと教会

マリアが聖霊を求めて祈るイエスの弟子たちとともにいたという記述が使徒言行録にあるが、イエス亡き後、マリアが使徒団、信仰共同体の中で何か役割を果たしたということは聖書には述べられていない。マリアは教える教会ではなく祈る教会の中にいたことは確かであり、その際イエスの母マリアという名をもって尊ばれていたことも確かである。イエスの復活後、パウロが言うようにキリストに従う信仰共同体が、その深いキリストとの一体化のゆえに、キリストの身体と呼ばれるとすれば（一コリント六の五）、そのような信仰共同体、即ち、教会に対してマリアはどのように関係しているのであろうか。それはルカの福音書のマリア賛歌においてヒントを見出すことができる。マリアはイエスの母として選ばれた幸せを、イスラエルの民の中での幸せとして感謝している。「今から後、いつの世の人もわたしを幸せな者と言うでしょう」(ルカ一の四八)。この言葉からイエスの母マリアという個人は、イスラエルの民から突出した個人ではなく、イスラエルの民に同一化した個人であることが明らかになる。したがって、パウロが言うように、イエスを頭とするキリストの身体として教会を考えるなら、イエスの母マリアは教会の中において、最も深い一体化と人々との連帯の中に生きることになる。第二バチカン公会議がマリアを教会の母と呼ぶのはそのような意味においてである。

ルカの福音書にあるマリア賛歌において「わたしの魂は主をあがめ、私の霊は救い主である神を喜びたたえます。身分の低い、この主のはしためにも目を留めてくださったからです」（ルカ一の四七―四八）と神を賛えたマリアは、原始教会の中で最も深く、最も普遍的な人々との連帯感の中にイエスの母、主の母としての生き方を見出していたであろう。そこに、新約聖書がマリアについて、後の教会の文書ほど語らない真の理由があろう。イエスの母であるマリアは自分の栄誉や地位を求めることなく、その受けた恵みの限りなさに目覚めて、最も貧しく教会そのものとも深く一致していたのである。

それは御子イエスに対すると同様「キリストの身体」としての教会に対して、最も謙虚に仕えるための自己奉献であり、真の母にとって最も相応しい生き方であったのである。教会がイエスの母マリアと教会の深い関わりに目覚めていくには時が必要であった。パウロなどは神が人となった救い主自身とその救いの神秘を、聖書の神の言葉、霊の賜物によって理解、体験し、宗教活動に全生涯を捧げるのに精一杯であっただろう。原始教会全体が受肉・救済の神秘を証しする活動に全力を投入し、マリアが教会の最も深い次元に関わっているとしても、そこまで心を向ける余裕もなかったのである。マリアと教会の深い関係は、教会の歴史的発展とともに時を経て明らかにされるようになったのである。

マリアはイエスの母であるとともに、人間としてわれわれの一人であるという親密感と連帯感は、マリアの子イエスが真の人類の救い主として明らかになればなるほど深まり、親しみが湧くことにマリア崇敬の本質的原因がある。したがって、マリアに親しみ過ぎるとイエスを見捨て、マリアを最後には神格化してしまうことにマリア崇敬の誤謬があるという啓蒙主義的説明は、観念的に明白であるように見えるが現実とはかけ離れている。イエスを無視したマリア崇敬は現実的にあり得ない。

この現実とは教会の現実のことである。マリア崇敬が健全に育つか否かは、教会がどのような集いとなっているかにかかっている。教会共同体の真の一体感からマリア崇敬は生まれてくる。個人を重視するあまり共同体が形式的なものとなり、真の人格的一致が実現しないことがある。原始教会からのイエスと、イエスの母マリアに関する伝承をもとに生きる人格共同体においてのみマリア崇敬は受け継がれ、教会共同体の人格的交わりを強めてきた。カトリック教会の位階的職制の制度の下で、形式的な教会組織ではなく人格的共同体が生まれるのは、抽象的なイエスとその救いの理解ではなく、イエスとイエスの母マリアと教会の生命である。これは神の救いの恵みの神秘と言う以外にない。イエスをマリアから切り離し、マリアをイエスから引き離し、教会を抽象的信仰団体のように考える合理的思想からは、救いの神秘としてのイエスもマリアも教会も、あるがままの現実として認めることは困難であろう。

プロテスタント教会でカトリックのようにマリア崇敬が育たない理由は、神学的理解の違いを別にしても、教会そのもののあり方が大きく違っていることにある。それ以外にカトリックの行き過ぎたマリア崇敬に対する反対がある。もしそれだけなら、今日のように相互理解を求めている時に、マリア崇敬に対する偏見を解消することはできるであろうか。宗教改革以降の教会論の違いは、マリアに対する理解の仕方の違いを解消させるには至らないだろう。

第6章　マリア崇敬の現状

祈りにおけるマリア崇敬

カトリック教会においては信徒同士の祈り合いとともに、特に信仰生活において神の恵みを豊かに受けた人々、いわゆる聖人と尊ばれる人々に対して、神に祈ってもらうことを願う習慣は古代教会からの伝統となっている。聖人たちの中でも、特にイエスの母マリアに対しては、彼女を通してイエスに取次ぎの願いを表すことが自然に行われ、父なる神への仲介者イエスの役割の重大さを考えれば考えるほど、イエスの母マリアを通して御子の仲介に希望と信頼を深めようとするのである。そして、マリア崇敬はマリアへの取次ぎの祈りとして具体化されている。マリア自身、神の恵みによってイエスの母として選ばれたので、彼女こそ人類の救いのために神に恵みを求めなければならないということを最もよく知っている人間である。したがって、彼女への取次ぎの願いとは、彼女のように神のみに恵みを願うことを彼女に求めることに他ならない。もし彼女がわれわれに恵みを与えるかのように考えれば、彼女を神格化することになるので、彼女がそのような神の栄光を奪う行為を認めるはずがない。彼女は常に「いやしい主のはしため」でしかないと認め、ひたすらわれわれのために主に仕えるのである。以下、教会の主なマリアへの取次ぎの祈りを紹介する前に、このような原理は改めて思い起こす必要がある。

天使祝詞 この祈りは古くから教会の中で唱えられ、ラテン語ではアベ・マリア（Ave Maria）という言葉で始まる。日本語では天使がマリアに告げた言葉で始まる**（アベ・マリア）**ことから、この祈りを天使祝詞と呼んでいる。ラテン語から訳された祈りでカトリック教会では最近は次のように唱える。

「恵みあふれる聖マリア、主はあなたと共におられます。
主はあなたを選び、祝福し、
あなたの子イエスも祝福されました。
神の母聖マリア、罪深いわたしたちのために、
今も死を迎える時も祈って下さい。アーメン」

この祈りにおいてマリアは神の母として崇敬されている。神の母とは御子イエスが父なる神の子として神であり、その神がマリアにおいて人となったという意味があるからで決してマリアを神格化しているわけではない。それは祈りの始めがルカ福音書のマリアへの受胎告知の天使の言葉と、エリサベト訪問の時のエリサベトの言葉から成り、マリアのイエスの母としての選びが神の恵みそのものであるという「恵みあふれる聖マリア」という言葉で始まっていることからも明らかである。また、「主はあなたと共におられます」とか「あなたの子イエスも祝福されました」という言葉によって、マリアへの賛美以前に父なる神と子なる神自身が賛美されている。父なる神、子なる神を考えることなしにマリアの選びを考えることはできないからである。それによって初めて、マリアが神の恵みに溢れていることがわかるのである。神への賛美としてのみ、マリアは賛美され、その原因としてマリアの選びの恵みが賛美されるとすれば、この祈りに一貫しているのは、救いの神の人類に対する恵みの賛美である。抽象的にマリアの個人崇拝などは考えられていない。

したがって、マリアにわたしたちのために祈ってくださいという願いは、神の恵みの限りなさへの信頼から起こるのである。マリアと同様、全生涯が神の恵みの中で果たされるように、「今も死を迎える時も」と願うのである。要は、キリスト信者の生命はマリアに与えられた救いの恵みであるようにと、彼女との深い親密さと連帯の中で父なる神に祈ることになる。そのために、われわれはマリアとの一体感を感じるのであり、極めて神学的な祈りであるが普遍化されている。

「元后あわれみの母」
（サルべ・レジナ）

「元后、あわれみの母、われらのいのち、喜び、希望。
旅路からあなたに叫ぶエバの子、なげきながら、泣きながらも、
涙の谷にあなたを慕う。
われらのためにとりなす方、あわれみの目をわれらに注ぎ、
とうといあなたの子イエスを、旅路の果てに示して下さい。
おおいつくしみ、恵みあふれる喜びのおとめマリア」

この祈りは終末的なキリスト教の救いに対する信仰が生んだものであろう。教会は、キリストの昇天以来、救いは全人類のため、世の終りに完成されるという終末的信仰によって支えられ、生きてきた。そのような終末的ヴィジョンから見れば、マリアは単にイエスの母ではなく、父の右に座す王たるキリストの母として崇敬される。マリアは母であっても女王のような品位と権威をもって、

天の王宮で尊ばれていると考えられ、マリアを尊ぶ名は今はあまり聞かれない言葉であるが、元后、または単に女王という名が相応しい。神に対して救いを祈り求める人間がマリアを憧れるのは、世の終りのキリスト再臨に向かって生きる旅路においてである。この旅路はあらゆる苦しみと不安の待つ「涙の谷」を通らなければならない。したがってマリアに心から願うことは、再臨の日にマリアの子イエスに出会うことに他ならない。

神から離れたエバの子である人類は、既に御子とともに天にいるマリアを思うとき、彼女は生命、喜び、希望の表徴でさえある。マリアの取次ぎを確信し「あわれみの母」と呼んでいる人間にとって、マリアは恵みと慈しみと喜びに満ちているというので、憧れはとみに増すのである。これも古くから伝わる祈りでラテン語の呼びかけ、Salve regina（サルベ・レジナ）で始まるマリアへの取次ぎの祈りであり、キリスト信者の本質的な生き方が示されている。

お告げの祈り

「主のみつかいがマリアに告げて、マリアは聖霊によって身ごもられた。
天使祝詞一回

わたしは主のはしため、仰せのままになりますように。

天使祝詞一回
そしてみことばは人となり、わたしたちのうちに住まわれた。

天使祝詞一回
神の御母、わたしたちのためにお祈りください。

わたしたちがキリストの約束にかなうものとなりますように。

祈りましょう。

神よ、わたしたちの心にお恵みを注いでください。天使の告知によって、御子キリストの受肉を知ったわたしたちが、キリストの受難と十字架を通して、復活の栄に達することができますように。わたしたちの主イエズス・キリストによって。アーメン」


この祈りは、キリスト信者がキリストの受肉、受難と十字架の死を通して、キリストとともに復活の恵みに与かることができるようにと神に求めることである。したがって、マリアへの取次ぎの祈りであるより神への願いを、マリアとともにキリストによって捧げるのである。その理由はマリアがキリストの受肉において、神の恵みにより母として神に仕えたからである。したがって、マリアの受胎告知の受けとめ方における信仰と謙遜を特に思い出そうとしている。キリスト信者はマリアのような信仰と謙遜をもって、主の死と復活の恵みに与かることを心から願うのである。この祈りを信徒は朝、昼、晩の三回、仕事を止めて唱える習慣が古くからあり、修道院などにおいては厳格に守られている。ミレーの有名な絵に農夫が夕暮れに畑で跪いて祈っている姿が描かれているが、あれは夕暮れのお告げの祈りである。

ロザリオの祈り

ロザリオとは、石または木で作られた一〇個の粒を鎖で繋いだものを、一五セットつなぎあわせて作る数珠のようなものである。全部で一五〇個の粒を数えるが、それは詩篇の一五〇篇を表徴する。庶民は詩篇を唱えることができないので、天使祝詞の祈りをもって、詩篇に代えようとしたのである。（図解参照）

この祈りの目的も、お告げの祈り同様、キリストの受難、死、復活に信徒がますます深く与かって、救いの恵みを願うことにある。この祈りは、単に口で唱える祈りではなく、心全体をもって祈り願うことに特徴があり、黙想的な祈りというべきであろう。したがって、大きく分けて三つの救いの神秘を黙想する。即ち、受肉、受難、復活、それぞれの神秘を天使祝詞五〇回唱えつつ黙想する。この三つの大きな神秘を更に五つに分けて、キリストの救いの業を細かく黙想することになっている。現代のカトリック教会の祈禱書には次のように纏められている。

喜びの奥義……お告げ（ルカ一の二六－三八）、ご訪問（ルカ一の三九－四七）、ご降誕（ルカ二の一－七）、主の奉献（ルカ二の二一－二四）、主の発見（ルカ二の四一－五〇）

苦しみの奥義…ゲツセマニでの憂い（ルカ二二の三九－四六）、鞭打ちの刑（ヨハネ一九の一－三）、いばらの冠（ヨハネ一九の二）、十字架の道（マルコ一五の二〇－二七）、ご死去（マルコ一五の三三－三八）

栄えの奥義……ご復活（マルコ一六の一－七）、ご昇天（使徒一の六－一一）、聖霊降臨（使徒二の一－四、三二－四一）、マリアの被昇天（ルカ一の四八）、天の元后マリア（黙示一二の一）

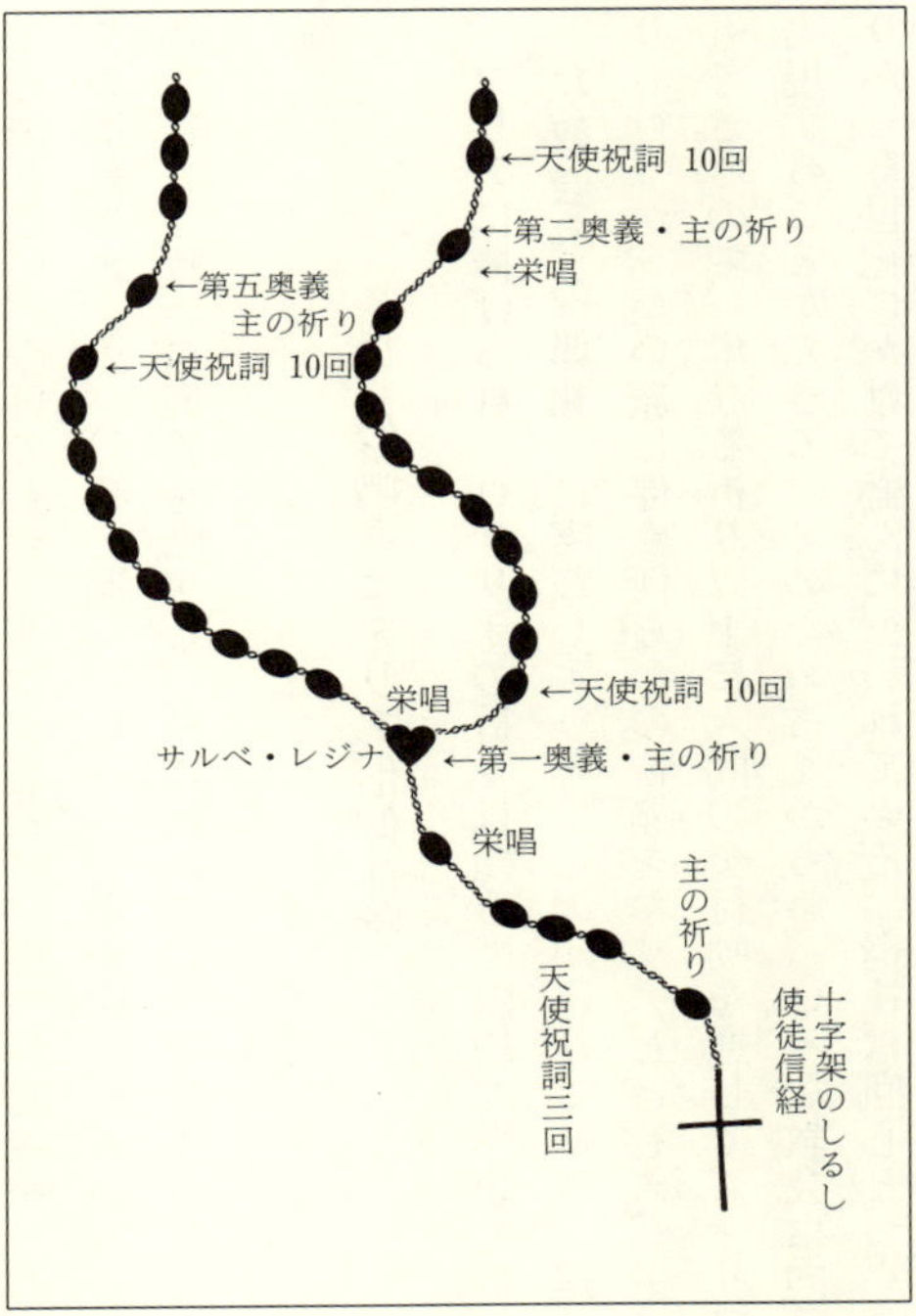

ロザリオの祈りは、マリアとともにキリストの生涯、及び救いの業の恵みを黙想する祈りの具体的

な方法として、今日でもカトリック信者は、喜びの奥義を月、木曜、苦しみの奥義を火、金曜、栄えの奥義を水、土、日曜と週日毎に行う習慣が保たれている。マリアの取次ぎを願いながら、キリストによる救いの奥義を黙想し、神に救いの恵みを願う祈りである。

教会の働きとマリア信仰体験

マリアに捧げられた教会への巡礼　ロザリオの祈りは極めて内的な黙想の祈りであるが、この内的な黙想を外的に実践しようとするのが巡礼である。巡礼中にロザリオを唱えたり、他の祈りも行うが、長い旅に伴う何らかの苦痛をマリアとともに、主の御受難に心を合わせるということもできるので、単なる祈り以上に人間の全行動を通して、マリアへの崇敬の下で神との深い一致を実現することができる。そのため古くからいろいろな教会に向けて行われていたが、一九世紀の終りから今世紀にかけて盛んに行われている。巡礼は回心とつぐないの業としても行われ、パリ郊外のシャルトル大聖堂に向けての徒歩の巡礼は多くのヨーロッパ人が参加する。また、マリアの出現後、多くの巡礼者を全世界から魅きつけているフランスとスペインの国境に近いルルドの大聖堂への巡礼において、回心や病気の治癒の体験が今日でも知られている。

マリアに倣う奉仕活動　マタイ、ルカの福音書には、マリアは受胎告知を受けて以来、謙虚にイエスの母としての使命を果たしたことが詳しく述べられていないとしても、想像される彼女の献身的生涯は一般の信徒の生活の模範として受け止められている。イエスの母としてのマリアは、一生を通して最も深くイエスの救いの業にも与かったことが想像されるので、マリアに倣って教会の奉仕活動に参加し、彼女と一致したいという願いは教会の歴史上いろいろな時代のいろいろな国々で具体化されてきた。その奉仕活動の一つで、わが国のカトリック教会で広く行われている組織的なものは、「マリアの軍団（レジオ・マリエ＝Legio Mariae）」と呼ばれている奉仕活動である。「マリアの軍団」の軍団とは、ローマ帝国の軍隊組織から採られた名称で、規則的、組織的活動を目指して第二次世界大戦前、一信徒によってアイルランドの教会で始められた。

わが国では戦後、アイルランド人宣教師たちによって広められ、今日に至っているが、霊的な奉仕活動なので教会の信仰生活を深めるのに役立っている。奉仕活動はルカの福音に述べられているマリアのエリサベト訪問に倣い、信徒同士の相互訪問を組織的に行い、教会共同体を充実させていく活動である。その特徴は毎週の集会においてロザリオの祈りを唱え、各自が活動報告をする信徒中心の活動であって、指導司祭が霊的講話を通して彼らの信仰の成熟に奉仕している。軍団といっても救世軍のような軍隊組織はなく、古代ローマの軍隊組織の名称を用いた規律と組織を重視する霊的奉仕活動に過ぎないが、教会共同体の一致のために効果を上げている。イエスの母マリアがキリストの身体と呼ばれる教会共同体に普遍的に奉仕していることが、信徒の中で思い起こされているのであろう。

マリアの出現について　イエスの十字架の死と復活後、世の終りの再臨まで、この世におけるイエスの出現などは信仰から考えてありえない。福音書が伝える復活したイエスの弟子たちへの出現は、パウロのコリントの信徒への手紙一を除いては、まったく語られていない。復活したイエスは昇天において復活を完成し、主イエスとして、今、全人類の救いの支配者となっているからである。

今世紀のマリア崇敬には、マリアの出現を見たという個人の信仰体験とその大きな反響を見逃すことはできない。マリアの出現を見たという体験とその霊的な影響の持続性の長さにおいて、今世紀のカトリック教会において他に例を見ないのは、一八五八年二月にフランスのルルドでマリアがベルナデッタ＝スビルーという少女に現れたという事件であろう。彼女はマリアが、生まれたときから原罪を赦されていたという、イエスの母マリアの受けた神の恵みを知らされた。それは教育のない庶民の子供でありながら個人的啓示として神から受けたものとして教会も認めざるを得なかった。ベルナデッタはこのマリアの出現とメッセージを深く受け止め、後に修道女となって模範的な修道生活を行い、死後、聖人として崇められるようにもなった。この出現はルルドをマリアの取次ぎを願いながら、神の恵みを受ける選ばれた場所として全フランス、今日では全カトリック世界に知られるようになった。奇跡的な治癒も起こり、今世紀初めから、祈りと恵みの聖所として大聖堂を中心にして信仰刷新の運動が起こった。全ヨーロッパに大きな影響を及ぼしたこのような出来事に、俗信、迷信も流布されたが教会は常に、マリアの取次ぎの恵みを神からのものとして公認してきた。ルルドの出現におけるマリアのメッセージは、絶えざる回心と罪のつぐないの強調であった。それは世紀末のヨーロッパの教会に大きな霊的効果をもたらした上に、今世紀の多難な歴史の中で二つの世界大戦にもかかわらず、庶民の中に神への信仰を深める要因となったことは確かである。ルルドにおけるマリアの出現は、マリアへの崇敬を民衆の実践として定着させ、マリアは教会の内外を問わず一般庶民の中でイエスの母として親しまれるようになった。

マリアの出現を見たということは、本来、最も深い信仰体験であるので、そのような体験をした人の伝えるメッセージと、見た人自身の言行に深い敬意を払うべきであるが、出現体験者に対する偏見や奇跡的出来事に対する興味中心の好奇心が、出現体験者を苦しめることが多い。特に出現体験者が悪い霊に支配されているとして、不信や、批判などが神学者の側から示されるとき、このような体験に対する信頼は失われる。出現に対してまったく関心を示さない神学者もいる。筆者はこの出現という出来事の霊的な意味を重視するので、できるだけ偏見を捨てて、マリア崇敬からみた意味を重視する。出現の際のマリアのメッセージは教会の預言的使命として受けとめられる。その意味で出現に対する正式な教会の解釈、評価を最も重視する。

一九一七年一〇月、ポルトガルのファチマで、三人の少年がマリアの出現を見たという体験は、人類の罪と終末的不幸に関するメッセージとマリアの取次ぎの恵みを確認するものであった。今世紀の多くの私的啓示の体験者の証言と一致していることは、終末的苦難に対する予告と、マリアの取次ぎによって信仰の強化、真の回心、罪のつぐないの実践である。救いの歴史の中でのマリアの役割を神学的にも考察させる内容であった。このマリアのファチマにおける出現は全世界のカトリック教会に影響を与え、ルルドと同様、ファチマにおいても出現の体験者は深い信仰と徳の実践によって彼らの体験の真実性を証しした。ファチマの出現が、以後、今日まで、カトリック教会に深い霊的影響を残していることは確かであろう。第二バチカン公会議が教会の刷新を歴史的観点、神学的には救いの歴史観などにもとづいて行ったことが思い起こされる。もしマリアの出現が、庶民の信仰のレベルにおいてキリストの救いの業を受け止める恵みをもたらすものであれば、イエスの母マリアの教会における霊的働きと考えることもできよう。

ファチマの出現の後にも、出現体験者の証言が異なる地域において伝えられ、その度にマリアに対する崇敬があらたにされている。一九七〇年にはわが国の秋田においてマリア像が涙を流したという出来事が伝えられ、その最初の発見者である修道女はマリアの出現を体験している。彼女の受けたメッセージは、正統な信仰にもとづくものであり、教会も注目している。

ところが、マリアの出現という現象は、特に近代になって熱心なマリア信心者の中で語られるようになり、教会が公式に見解を発表する場合も出てきた。特にフランスのルルドにおいて起こったマリアの出現は、今日に至るまで、ルルドが信仰更新をもとにして奇跡的治癒さえ伝える巡礼地として有名である。教会はルルド、ファチマをはじめ、現代に至るまでのマリアの出現の体験に対して、伝統的な信仰と道徳に反することがないかぎり、批判や禁止の決定を示したことはない。逆に、ルルドの例をとれば、マリア出現は単にマリア信心をさかんにするだけではなく、キリスト教の正当理解を深め、病み、苦しむ人類に安らぎをもたらしていることを評価している。ちなみに、秋田の涙を流す聖母像が問題になったときも、教会は現実を正しく調べ、その事実に対して超自然的な要素と正しい信仰にもとづく信心が行われていることを、統治の司教の個人見解として発表した。

出現は異常な現象なので、疑いや批判の対象となることからは免れないが、マリアの出現を受けた人々、およびその後マリアに対する信心を求めて出現地を巡礼する人々は、イエスや神に対する信仰を深めることになるようである。迷信や偶像崇拝が起こるようであれば、出現のあった場所の教会が指導して、正統信仰を守らせる。歴史的にみて、マリアの出現によるマリアのメッセージは神に対する回心や信仰生活の深化を求め、マリアの言葉に従って信仰更新をする人々は霊的恵みを受けることが多い。カトリックと関係のない日本人の中で、現在、ルルドの奇跡に関心を抱き、客観的な報道と考察を発表した比較文化史の研究家もいる（竹下節子「奇跡の泉ルルドへ」ＮＴＴ出版、一九九六年一月)。

マリアの出現、奇跡、伝説などに関しては、膨大な出版物がすでにあるが、この問題に関する資料は、最近ではカトリック以外の人々に中心が移ったのではないかとさえ思われる。アメリカの著名なジャーナリストでライフ誌の編集を長くしたこともあるマイケル＝ダーハム(Michael S. Durham)は、ごく最近、「マリアの奇跡」という美しい写真入りのマリアの出現と奇跡についての著書を出版した。彼はカトリックでもなく、宗教心より出現物語やマリアの出現を描いた絵画に関心を持ち続けていたようである。彼の著書は、紀元四〇年に始まり現代に至るまでのマリアの出現物語を一〇項目に分類して、彼が関心のある六〇出現物語を、写真をも加えて解説している。彼によれば、マリアの出現物語は総数二〇〇〇にも及ぶそうである。彼は信仰や神学に関して否定も肯定もせず、客観的にマリアがいかに民衆の中で生きているかを証ししている。彼の挙げた一〇の項目は、次のとおりである。項目はマリアの奇跡にもとづいている。

一、平和と祈りの貴婦人
二、癒しをするマリア
三、沈黙のマリア
四、聖人たちのマリア

五、悲しみのマリア
六、教会の建設を求めるマリア
七、助け手マリア
八、賜物のマリア
九、伝説のマリア
一〇、マリアの警告

以上のマリアの呼び名からわかるように、出現に際してマリアは人々にメッセージとともに霊的、物質的恵みを神に取次いで、人類を苦境において神に立ち返らせる使命を果たしていることは確かである。カトリック信仰や神学に特に関心を示さないジャーナリストが、このようにマリアの出現と奇跡、その物語、それを表徴した絵画に関心を抱いてきたことに、興味を覚える。出現や奇跡にもかかわらず、マリアは何か超自然的な神格化を免れ、罪や病の不安や恐れの中で生きている民衆の側に常に立っていることが、ジャーナリストの大きな関心をひくのであろう。

それとともに、出現物語や奇跡物語が文学や絵画、音楽などのインスピレーションの源ともなっていることを考えると、マリア信心や出現物語が他の狂信的な宗教心などにはありえない品位あるヒューマニズムを育ててきたことに、このジャーナリストは深い興味を抱いているようである。この事実からしても、教会とマリアの関係は教会を超えて一般の社会または人類に広がっていくと考えられる。今後、この出現の霊的影響がどのように教会を動かすことになるのかは、時を待つ以外ない。

第7章　二一世紀のマリア研究

神の恵みなるマリアの使命

イエスを純粋に歴史的存在としか認めないなら、イエスの母も単に歴史的存在としての研究対象として二一世紀に受けつがれるだろう。少なくとも、新約聖書を信仰の証言として受け入れ、その信仰における論理に従って、信仰の証言の内容を研究することができる。その方法に従って、イエスの母マリアとはと追究するとき、神学におけるマリア観を考慮せざるをえない。これからのマリア研究のために、もう一度、マリアとは誰か、その解釈の根本的原理をも含めてふりかえってみたい。

マリア崇敬の根本的原理について　マリア崇敬の根本的原理は、神の恵みの神学に他ならない。イエスの母マリアのすべてにおいて、神の恵みを認め、賛えることがマリアを崇敬する理由である。それは、ルカの福音のマリアへの受胎告知の物語の始めに天使を通して、「恵まれたもの」としてマリアを祝した神、イエスの父なる神を知り、神の恵みの賛美に加わることである。したがって、自然的に人間が聖者を賛美したり、神格化するのとは全く逆の方向をとる思考にもとづく。それにしても、神が恵まれた被造物でしかない人間を賛えるということは、人間的には考えられない。神の恵みによる救いの最も純粋な姿がマリアにおいて存在することを前提とするし、神の人間には考えられない、人間に対する愛と賛美を受け入れなければならない。それ自体、神の恵みなくしては不可能であろう。人間は神に対立的に自己存在を認め、神ならざる身を賛美することなど考えられない根本的自己卑下が、神を無視した自己絶対化の空しさしか知らないからである。これがキリスト教的罪であり、それから解放されることが救いであり、しかもそれは、神の愛にもとづく恵み以外によっては実現しないと考えられている。それゆえ、父なる神とともに「恵まれた者、マリア」を真に賛えることは父なる神の全人類に対する愛の恵みを前提とするのである。

マリア崇敬の根本的原理とは、まさに、この神の恵みと考えられるべきなのである。プロテスタントとカトリックのマリア崇敬についての理解の仕方の違いは、この神の恵みについての神学的理解の違いから起こってくる。恵みをあまりにも超自然的に考えるとき、自然そのものも神の恵みであることを無視してしまい、自然が神の恵みの表徴的媒介となることさえ否定されてしまう。プロテスタント神学にはこのように極端な恵みの純粋性を守る努力が行き過ぎる危険がある。

マリア崇敬の根本的原理としての神の恵みの神学は、救済の恵み、即ちイエス＝キリストの十字架の死と復活によって示された神の恵みの神学であるが、それはまた神による天地創造の恵みの神学から切り離されていない。イエスの母マリアは救い主の母であるとともに処女にして母になる恵みをも受けている。救世の恵みが創造の恵みを完成しているのである。人間の罪にもかかわらず、被造物としての人間及び自然はキリストによる救いによって創造の恵みが完成されるので、女性、処女、母としてのマリアは全く新しい被造物としての生き方を示している。「恵まれた者」として、祝福されたマリアは単に救い主の母となる恵みのためのみではなく、その恵みによって、創造の恵みである処女性や母性が完成されていることのためにも祝福されているのである。

したがって救世の恵みと創造の恵みを分離して考え過ぎる恵みの神学にかたよるなら、マリア崇敬に対して無関心や無視を示すことになろう。イエス＝キリストによる救いが神からの決定的な恵みであることを見失わない限り、救いの恵みと創造の恵みを分離して考えることは不可能である。救世主なる神が同時に創造主なる神であることを思えば、それは当然なことである。

しかし、被造物としての人間が創造主なる神を認めず、反抗する罪の重荷を真剣に考えるあまり、創造と救世の恵みを対立的に考え調和させることが難しくなるのも確かである。その時にこそ救世がイエス＝キリストの十字架の死による贖罪にもとづくことを考え、罪の重大さに対する悲観主義的反省から、神の愛にもとづく罪のゆるしの限りなさに対する楽観的希望に心を向けなおすべきであろう。マリア崇敬はこのような回心をもたらす機会となるはずである。

庶民的マリア崇敬について　マリアと彼女の使命についての研究は今日、聖書解釈書、神学的人間学、女性の神学などそれぞれの専門分野において目ざましい進歩が遂げられている。二一世紀は更にいろいろな角度からの研究が進められることであろう。しかし、人間研究は、まして神探究においては、マリアも神も学問的な対象として、とらえ切れるものではない。学問的研究はどうあれ、神自身及び神の恵みに生きるマリアは、人間の神との深い交わりの体験を通し神の自己啓示にふれることができるので、神との交わり、マリアとの連帯を、信仰の恵みを求めながら、深めていくことが最も重要なのである。

そこで、聖書研究や神学研究とは無縁の一般信徒の信仰体験において証しされる、イエス、マリアの現実には真剣な考慮が払われなければならない。昔から、「人民の声は神の声（Vox popli, vox Dei)」という格言もあるほどで、信徒の信仰体験を考慮して、神学的研究は進められるべきである。

ところで、二一世紀を前にして現在のカトリック教会の信徒の中には、新しいマリアへの祈りと

霊的体験をもとに、キリストによる全人類の救済において、マリアのイエスの母としての使命を今迄以上に深く、イエスと一致したものとして、崇敬することを求める声が強くなってきた。そのために今迄、教会が十分明らかにしなかった、マリアの共贖者としての使命を再認識して、イエスの共贖者マリアという呼び名の下にマリア崇敬を徹底することを求める声が高まってきた。その声は現在のヨハネ＝パウロ二世に対して、マリアの新しい教義としてそれを求める署名運動が始まっているということである（米国誌ニューズウィークの一九九七年八月二五日号はそれを大きく報道している）。

この問題が現代のマリア神学者の間に大きな波紋をひき起こしているらしい。神学的問題としてよりも、民衆的なマリア崇敬が自己批判力を失うと、保守的な宗教的イデオロギーに支配される可能性があるからである。多難な二〇世紀の終りに、新しい世紀に、安定した保守的進歩を求める期待は、二一世紀に対していろいろな方向づけを模索させる。それはマリア崇敬の原理にも影響を与えるだろう。第二バチカン公会議前のマリア神学は聖書的根拠を実証的に明らかにするより、極めて限られた、聖書的教えと伝統的に認められてきた教義を単に理性的に推論したり、組織化することを重視していた。そのために聖書から離れ、マリアの出現やその際のメッセージなどの正当化をもって満足していた。第二バチカン公会議の刷新はこのようなマリア神学に聖書的により深く根拠づける、聖書的刷新を導入した。

このような刷新はマリア崇敬にも大きな影響を及ぼしたが、庶民的レベルまでの徹底に時間を要した。他方、マリア崇敬は、民衆的な運動として、神学的根拠より、民衆の自然・感情に支えられる面が強いので聖書的刷新の複雑さに耐えられず、公会議前のマリア神学を復興させる方向に進む。

今日、問題にされている、共贖者マリアの教義宣言への要求は、それが庶民的マリア崇敬の運動として広まりを続ける限り、どこまで「人民の声は神の声」という評価を下していいか疑問である。今日までのところ、公会議の刷新を進めつつあるマリア神学者達は、この運動には否定的な意見を述べており、教会が新しいマリア神学の教義を宣言するには、深い神学的根拠を示す必要があろう。特にプロテスタントとの一致を求めるためには、エキュメニカルな神学的研究をも促進させる必要があるので、カトリック神学を伝統的な方法のみで進めるべきではない。

共贖者マリアという考えに対する疑問は、マリアがいかにキリストの贖いの恵みに豊かに与かったとしても、キリストの贖いの業そのものにまで加わるとするなら、キリストの救いの業の独自性をどこまで保つことができるのかという点にある。いかにマリアの受けた恵みの豊かさを賛えるにしても、キリストの救いの業そのものがかくれてしまうようになれば明らかに行き過ぎたマリア崇敬と言わねばならない。マリア崇敬がイエスに対する取次ぎの祈りを願うことにおいて最大のイエスの救いの業への参加になると考えるべきで、それ以上に論理を発展させることは神の啓示の事実性を全く無視する危険がある。神学は常に聖書から出発し、教会の教えも聖書的根拠づけを行うのが使命であり、それを超えれば、自由な宗教哲学に変質してしまう。

したがって、マリア崇敬の民衆的運動に対して、マリア神学は教会の教えをもとにして正しい機能を果たさなければならない。それは単に神学者の使命ではなく、信徒の正しい信仰生活の要請でもある。民衆的運動は、信仰の真の要請に見えても、その時代、その社会における政治的イデオロギーから起こることもあるので正しく分析されるべきである。例えば、二一世紀に対する期待は進歩的、また、保守的政治イデオロギーによって主張されることがあるので、キリスト者にとっては、いかなるイデオロギーをも超えて、聖書の啓示を正しく受けとめることが重要である。もしマリア崇敬に対する新しい運動が始まっているのなら、慎重にその信仰、聖書的思想について見極める必要がある。特に第二バチカン公会議の刷新が、その運動によってどのように生かされようとしているのか考慮されるべきである。これは教会教義職のみならず信徒使徒職の使命でもある。

新しいマリア解釈と展望

新しい女性解放に向けて　二一世紀のマリア研究は、神学的原理の充実と一般信徒のマリア神学構築への参与を促進することを目ざすべきであるが、その結果が新しい女性解放に向かうものでなければならない。マリアはキリストの救いの恵みによって解放された女性の永遠的シンボルである。イエスの母としてのマリアはそのシンボルの具現として考察されなければならない。キリスト教の救いは聖書に一貫して示されている神の民の実現であり、神の民とは神以外に民を支配する者のない平等な社会であり、神に向けて開かれた自由を目ざす社会でもある。民主主義的政治が人類の政治的理想として受け入れられつつある現代はキリスト教的救いの実現に開かれた時代である。したがって二一世紀に向けて、民主主義的政治、文化はますます発展することが望まれる。そのためには真に女性の解放が実現しなければならない。現在までのフェミニズム運動は男女の平等を実現しつつあるが、平等とともに真の女性像が求められねばならない。それによって真の男性像も発見され、神の前における真の男女の平等が実現するとき、真の民主主義的政治と文化が評価される。イエスの母マリアはキリストの救いに新しい女性像を示しているという信仰は、これからの新しい女性解放を考える場合、重要な神学的思想を発展させるはずである。

フェミニスト神学やフェミニスト思想または運動に対して、筆者は常に関心を抱いているが、男性支配社会における長い抑圧や迫害からの解放と同時に今後女性としての人間の生き方の理想も追求されることを願っている。そのためにも、新しいマリア研究は無意味ではないと思う。

福音書のイエスの誕生・幼少期物語（マタイ、ルカ）において夫ヨセフとマリアの関係がマタイの福音においては家父長的ヨセフを想像できないわけではないが、ヨセフは夢を通してマリアと幼児イエスの保護を神から命じられているのであるから、通常の家父長的権威を行使していたわけではない。したがって、マリアがヨセフやイエスに従うのは、家父長的権威から解放されて神に従ったのであるから、マリアは人間的権威からは最も自由に生きることができた。マリアが夫ヨセフ、子イエスに従うのも、この自由に発した行為である。マリアが当時のユダヤ社会における夫婦、家庭生活を通常通り行ったのは、人となった神イエス自身が救いのために人間生活の全てを重視したからである。救い主イエスによって、新しい人類の愛と正義にもとづく生き方が可能になるとき、男性の抑制のみならず女としての人間の罪（エバ）からも解放されて、真の女性、神の創造の御旨に従った女性の生き方が明らかになるのである。

旧約聖書の創世記（二・三章）によるとエバが禁断の木の実を食べる罪を犯し、アダムは彼女に従って、同じ罪に堕ちたと述べられていることから、女性を罪に誘う者とする偏見が旧約聖書にはあるが、新約に至って新しい救いが、罪深いと考えられていた女、少女マリアから始まるということは、キリスト教の教えに従って、マリアを考え、崇敬することから全く新しい女性像が生まれてくることは確かである。何回も繰り返すが、イエスの母マリアは単に産む性としての女性の使命を神が聖化しただけではなく、女性そのものの新しい、イエスとともに始まる人類の救いにおける使命を神が人類に啓示したということが重視されなければならない。二一世紀のマリア研究においては、キリスト教の終末的救いの教えの研究とともに新しい人類、新しい女性のあり方が研究の大きなテーマとなるべきであろう。

そもそも、人類の歴史において男とは何か、女とは何かというジェンダーをもとにした人間存在の意味を研究するとき、今迄のような生物学、社会学的研究を超えて、聖書の女性思想は人間には考えられない女性の理想を啓示して、女性の本質の研究を深め、新しい女性解放をもとに新しい人類解放が実現するのかもしれない。わが国の伝統的女性観において女性は遊女として軽蔑されるか、女神として神秘化される両極端の間に変節を繰り返してきた。それは性別以前に人間性そのものの罪や無意味性を乗り超える神の啓示にもとづく人間の尊厳思想が育たなかったからである。

したがって、新しい女性の解放は、性の次元の問題ではなく、人間そのものに対する、神自身による評価を受け入れる以外には徹底的なものとはならない。そのような人類への神の愛が、新しい救い主の母として、ガリラヤの名もない少女マリアを選んだという福音書（ルカ）の物語は、二一世紀のいかなる女性研究においても女性の人格的尊厳を保証するものであろう。

新しいキリスト研究

カトリック教会の歴史をふりかえってみればわかることであるが、イエスの母マリアの新しい研究は、公会議などで示された新しいキリストの救いの教えや、キリスト自身に対する信仰の刷新にもとづいて進められてきた。トレント公会議によってカトリック教会がルターやカルビンの宗教改革の行き過ぎを排除したことが、マリア崇敬の歴史の大きな転換をもたらした。プロテスタントがキリストへの信仰のみ、または聖書の教えのみによる救いを主張することによって、それまでのマリア崇敬の行き過ぎのみならず、マリア崇敬そのものをも公式には否定して今日に至っているのに反し、カトリックは行き過ぎは排しても古代教会から続くマリア崇敬をより正しく豊かなものにしようとし、トレント公会議後は逆にマリア崇敬を拡めることになり、教会全体にマリア神学を確立させることになった。その結果、マリア神学は組織神学の中でも目立った進歩を遂げ、マリアに関する教義なども後の公会議において宣言されるようになった。

しかし一九六〇年代の第二バチカン公会議は、トレント公会議以降のマリア崇敬、マリア神学の発展に対して、公会議の精神の重要な要素である聖書的刷新をもとにして、マリア崇敬や神学をも刷新し、聖書や教父達の神学にもとづく、マリア神学を新しく発展させることになった。特に注目されるべきことは、専門化されたマリア神学より、第二バチカン公会議に大きな影響を及ぼした、神学者カール＝ラーナーなどが、マリア神学を教会論とキリスト論にもとづいて刷新し、ウルス＝

フォン＝バルタザールなどの組織神学者などが、マリア神学をとり上げ、公会議後のマリア崇敬をあらたにした。ラーナーもバルタザールも、公会議を中心としたキリスト論の発展に寄与した神学者であることからも明らかなように、これからのマリア研究の発展も、新しいキリスト研究なくしてはあり得ない。イエスからマリアに向かうという基礎的研究なくしては、マリアからイエスへというマリア崇敬の本質的意味は失われ、行き過ぎた非キリスト教的マリア崇拝などに堕してしまう危険は常に警戒されるべきである。

　二一世紀にマリア研究はどう発展していくかは、二一世紀がイエス＝キリストをどのようにとらえていくかにかかっている。宗教改革が起こって一六世紀以来、聖書や教会の教えに対する改革的理解がヨーロッパのキリスト教会を変えたとしても、現代のカトリック・プロテスタント両教会とも、一六世紀や近代の聖書研究・神学研究とは比べられない客観性と普遍性をもって研究結果を獲得した。キリスト教はもう広い意味での地中海文化を媒介せず、聖書的啓示を全世界的に示すことのできる時代になりつつある。このような時代には過去の教会の歴史の中で生きぬかれたマリア崇敬や神学の改革も、いろいろな方面で試みられている。中南米やアフリカにおけるマリア崇敬や神学、特に解放の神学は近世ヨーロッパのマリア崇敬とは異なった民衆的な信仰と愛着によって発展しつつあることも事実である。キリスト教の伝えられる民族と文化の中で、イエス＝キリストがどのように受けとめられ信仰されるかによって、マリアへの思索は拡げられ、深められる。西欧近代のように、無神論的偏見と啓蒙主義的独断（合理主義）が支配した社会における、イエス＝キリストの否定、無視、曲解は当然母マリアを民族学的伝承にもとづく処女や母性神話として民衆の中で、無智と迷信によって民族祭典によって偶像化し続けられているかもしれない。

二一世紀こそ、マリアを神話や偶像化から解放し、真のイエスの母として全人類的真の救い主の母としてイエス＝キリストに仕える真の人間、しかも最も尊厳に満ちた女性として認められ、救われるべきすべての人間にとっても、神の恵みによる母性的現存を親しむことができる時を迎えることを願ってやまない。イエス自身がそうであるように、マリアも、あらゆる無視、はずかしめの中でイエスの母としてイエス＝キリストによる人類の完成、即ち、神の真の支配の下における完成に奉仕するために選ばれた女性として正しく認められるべき希有な存在であろう。要するにマリア崇敬とは全人類の救いの恵みを先取りする神の子としての全人類の深い交わりと一致へのあこがれを表現する、聖書的、教会的メッセージの庶民的表現であろう。問題は、それが単なる観念ではなくわれわれ人類の一員として歴史的存在にあった一女性であるということで、それゆえ、人類はマリアとともに神の恵みの中に生きていることを信じていいのではないかと思うのである。

イエスの母マリアは「人と思想」のシリーズに登場する資格があるが、それにしても、歴史的人物としては、歴史を超えた深い影響力をひそかに、慎しみ深く全人類に及ぼしていると考えることができる。彼女がいかに神話化されてきたとしても二一世紀こそ、彼女は非神話化されて、全く独特の歴史的存在を示すことができるのではないかと思う。

おわりに

イエスの母マリアについて書くことは大へん難しかった。まず、伝記的資料となるものは直接的には極めて限られているからである。福音書は客観的な伝記ではなく、救い主イエス＝キリストに対する古い信仰の証しである。しかし、イエスに対する信仰は歴史的存在としてのイエスから始まっている。弟子たちの創作ではない。したがって、信仰の証しの文書としての福音書に史実がないわけではない。イエスの母マリアの生涯に関してはイエスの誕生・幼少期の福音と、イエスの公生活にある極めて少ない資料をもとに、歴史的に考えてみる以外ない。（新約聖書のどんな文書においても）マリアの両親に関しては全く語られていないし、マリアの死も語られていない。

ただ、イエスの母マリアは福音書及びパウロ書簡に直接、間接的に、その存在が語られたり、前提とされているので、その実在を疑うことなど不可能である。したがって、イエスの母マリアは救い主イエスの母として、イエスの言行、原始教会の信仰にもとづく救い主イエス観をもとに考えていくしかないのである。原始教会、古代教会においてキリストの復活に対する信仰が深まるにつれて、マリアに対する見方も、その歴史的存在を超えて新しい生命と実存においてとらえられなければならなくなるので、イエスの母マリアは伝記的存在としてより神学的存在として、今回に至るまで、イエス＝キリストから切り離しては考えられないのである。現代のカトリック教会はマリアがイエスの母として、一般の信徒とは異なり、すでに心身共に復活して天に存在することを教義として信じている。しかし、このようなマリアの存在は神の恵みによるものであるから、人間としてのイエスの母マリアを見失うことはできない。福音書が語るイエスの母マリアは恵まれた人間、女性、母であって、彼女を神格化した物語や神話ではない。そこに、マリアを歴史的、伝記的に考察することの正当性があり、現代人の生き方にとっても深い意味を見出すことのできる可能性がある。本書の考察は根本的にこの事実にもとづいて進められてきた。しかし、イエスの母マリアの全存在を、歴史的事実性のみにもとづいて考察するということで、どこまで真実をとらえることができるだろうか。一人の人間の現実を理性的考察のみでとらえようとすれば、それが厳密であればあるほど、とらえられたものは単に人間の知性の産物に過ぎず、現実とは異なるものとなる危険をさけることはできない。したがって、イエスの母マリアの真実に迫るためには、信仰を前提とした救い主イエス＝キリストの神学的研究にもとづいて行われなければならない。本書の論述において詳説は避けたが、キリスト論、救済論、教会論、特に恵みの神学は前提とせざるを得なかった。カトリック教会がマリア神学を重視するのは、マリア研究が不可避的にキリスト研究を促し、深めることを求めるからである。一般信徒の信仰生活においても、「マリアを通してイエスへ」というモットーがこの方向性をよく示している。現代人のマリア研究がイエスとの結びつきを軽視または保留して、女性史、文化人類学、神話学などの方法のみで行われるなら、歴史的実在としてのマリアさえも正しくはとらえられないのではないかと危惧せざるを得ない。

イエスの母としてのマリアを救い主の母、神である救い主の母として黙想すればするほど、その使命と品位の高さのために、マリアを賛える呼び名が、聖なる処女、聖なる母、貴婦人（Lady. Dame）と増してゆき、イエスの神性を根拠に神の母マリアという呼び名において聖なる母子関係が決定的に賛えられることになった。これが教会におけるイエスの母マリアである。

なぜ、イエスの母マリアが教会の歴史を通して賛えられ、愛されるのか。聖書の神が父なる神であるがゆえに、カトリック教会の中で母性信仰が自然発生したのだという解釈が、プロテスタントや宗教学者などから示されることがある。しかし、普遍的にマリア信仰の実態を考慮するなら、それは説得力を欠く表面的解釈にすぎない。母性信仰よりイエスとの連帯性信仰と言うほうが妥当であろう。イエスの母マリアは「われらの母」とか「われらの貴婦人（Our Lady）」と呼ばれて、民衆の中で愛され、賛えられるのである。イエスの母をわれらの母とみなす理由は、イエスが人となった神の子であるという信仰にもとづく。人となった神の子である救い主イエスとの連帯感、一体感が深まってこそ、イエスの母をわれらの母と呼ぶことができるのである。同じ連帯感にもとづいてこそ、イエスの母マリアを神の母として崇めることを求めるようにもなるのである。

マリアに取次ぎを願う祈りの根拠も、まさにマリアがイエスの母であるという信仰にある。聖書の神を父性的に解釈することは誤りである。聖書の神は母性的な愛も示している。そもそも、聖書の神には性別はないので、父性的、母性的という解釈を超えたところに神の愛の本質がある。

教会の中でマリア信心を支えてきたのは、イエスの人間性を最も現実的に追求する民衆のイエス信仰である。イエスとの連帯性の現実的な表現が、マリア信心として現れる。母を軽視したイエスへの愛を不純視する民衆的なキリスト信仰がマリア信心を支えているので、神学者が恐れるような母性神格化は現実には起こりえない。そのような傾向に対しては、「マリアを通してイエスへ」という方向性を保とうとするのが一般的なマリア信心である。

最近、フェミニスト神学が、マリアの処女性賛美やマリアの貴婦人性、マリアの母性賛美などに対して、男性優位の教会のイデオロギーの表現と批判することがある。それに対して、まさにマリア信心こそ、教会における男性優位の傾向に対して女性の尊厳を守り抜くことができたという反論もある。この論議はマリア神学より教会論においてなされるべきであろう。男性優位の教会は聖書にもとづく教会論からは受け入れることはできない。聖書は教会にキリストの花嫁のイメージを与えており、処女にして母なるイエスの母マリアに最もふさわしいはずである。

イエスの母マリアについて歴史的な伝記を求めることは、マリアが人間であり、歴史的な存在であったことから考えれば、当然な願望である。しかし、マリアの果たした使命は前代未聞のものであり、それを正しく理解するには、聖書研究に頼らざるをえない。もし、そのような努力を払わなければ、人間の普遍的傾向に従ったマリアの伝説的な物語をもって、伝記的表現にする以外にない。そのような伝説的マリア伝は歴史的にみていろいろあるが、マリアの真の生涯を客観的に追求しようとすれば、聖書やマリア神学を考察する以外にないのである。そのため、本書が神学書のような印象を与えてしまうのは、避けられないことであった。聖書信仰以外にマリアを人間学的に追求することにはそれなりの意味もあるが、それは現実のマリアに迫るものではない。マリア自身の信仰をも考慮すれば、やはり、マリア伝が神学論のようになってしまうのも、現実には避けられないと思うのである。

補遺「キリストの母マリア」

イエスが救い主としての公の活動を始めるまでは、大工ヨセフの子として知られていたので、イエスの母はマリアとして知られていたはずである。ヨセフは四福音書の伝えるイエスの公生活には全く言及されていない。ユダヤの家父長的家族制度の下で生きたイエスの両親に対する関心が福音書において殆んど無視されていることから、マリアを単にイエスの母と伝記的に考えてはならない。それは、福音書という文書が画期的な救いの福音を伝えることをのみ目的としていたからである。それにもかかわらず、イエスの母マリアがいるのは、母子関係は否定されたり、無視されているのではないが、それ以上にマリアを救い主イエス＝キリストとの関係においてとらえるべきであると、原始教会が考えていたからである。したがって、イエスの母マリアを救い主イエスの母として考えない限り、マリアは単に歴史的存在としての意味で評価されるに過ぎなくなろう。即ちナザレのイエスの母マリアとして史実的には殆んど不明な存在とする以外なくなる。福音書に物語られるイエスの母マリアは確かにそのような存在ではない。イエスの母マリアという呼び名は既にイエス＝キリストの救いの神学を前提としてあえてイエスの母として福音書では神学的に物語られていると考えるべきである。そこで、マタイ・ルカのイエスの誕生・幼少期の福音はイエス＝キリストの福音として読まれなければならない。そうだとすると、マリアは「イエスの母マリア」より、「キリストの母マリア」として、その母子関係そのものにキリストの救いの神学を読みとるべきであるという主張も可能である。

メルロ＝ポンティの弟子でもあった、フランスのキリスト教的哲学者として知られるベルナール＝ロンズ（Bernard Ronze）は近著「キリストの母」において「イエスの母マリア」にキリスト教的啓示の根本的構造を解明しようと試みている。これは伝統的なマリア神学をキリスト教神学の中心に基礎づける新しい神学的試みである。

ここで筆者はロンズの著作を紹介するつもりはない。著作は今迄のマリア神学にはなかった形而上学的な考察をもって、福音書のマリアに関する記述を考察しなおしているという点に特徴があることは確かである。恐らく主張していることは伝統的神学の教説に反することはないと思うが、イエスの母マリアの正しいとらえ方がいかに難しいかがあらためて知らされるのである。イエス以上に歴史的存在として、あるいはより正確にはマリアが歴史の中に生き画期的な神の啓示を受けたことによって、マリアを神格化することなど不可能であるとともに、マリアは神の自己啓示という出来事によって、彼女の歴史的存在が、永遠的な意味をもっていることも確かである。

神学はマリアのこの永遠的な意味をこれからも探究せざるを得ないのである。

ここで、マリア以外の人間にも、歴史と偶然と能力だけで解釈できる人生の面は充分あるが、それを超えた一人の人間の存在意義が、神の計画から見ればはかり知れないものがあるということも考えられよう。もちろん神の存在が現理的に証明出来ないとして黙するとすれば、いかに人間が自由に生きてきたとしても、人間の理性で考えた宿命、必然性という公式の中に人間の自由を閉じ込めておくだけであろうが。

マリアは、単なる歴史的存在、神話的人物として片づけてしまうこともでき、それによってそれなりの知見も生まれてくる。しかし、マリアが持っていた信仰があまりにも超自然的で、個人の迷いとか迷信として片づけられないとすれば、マリアの信仰の立場から見たマリアの一生について、彼女と原始教会とともに考えてみなければならない。

イエスはもちろん、マリアも書き遺したものは全くない。福音書のイエスの誕生・幼少期及び、公生活に伝えられているマリアの物語はマリアの死後、即ちキリストの死後六〇年前後の書き物であり、それが原始教会のマリアに関する信仰の証しである。それにキリストに対する信仰が深まった教会の信仰の中でむすばれたマリア像であることは確かである。原始教会はマリア物語を完全なフィクションとして作る必要はなかった。マリアの信仰生活が教会自身の信仰のモデルでもあったからである。この信仰とはもちろん救い、即ちキリストに対する信仰以外のものではない。自然的な意味でも処女崇拝、母性崇拝などがそのものとして信仰の要求になってはいなかった。

マリアにとっても、原始教会にとっても、最も大切なのはキリストであり、キリストが十字架の死と復活を通して救いを完成したことによって、全く新しい信仰・希望・愛が生まれてきていた。そこで当然、ナザレのイエスの母という考え方は自然的に言うなら、マリアの真の姿を表していない。むしろ、十字架の死と復活でわかった真のキリスト（救い主）こそ、マリアの子なのである。したがってキリストの母マリアという意味なくしてイエスの母マリアとは考えられなかったであろう。

ところで、マリアがキリストの母となるにあたって、ヨセフもマリアもそのような懐胎は処女懐胎であることは原始教会において認められていたルカの福音書の受胎告知も教会の信仰にもとづいていたことは確かである。しかし、なぜ、教会は人間的には不可能であり神話的にさえ見える処女懐胎をマリアに認めたのか。ヨセフとマリアの生活の調査などをすればするほど神秘に遭遇するだけであったろう。この「人間には不可能でも神は何でもおできになるということをマリアとともに信じたのであろうか。それは既に、原始教会は、キリストの復活の信仰に生きていたからである。

参考文献

Ⅰ　一般出版社関係

『聖母マリア』植田重雄　一九八七　岩波新書367
『聖母の出現』関一敏　一九九三　日本エディタースクール出版部
『奇跡の泉ルルドへ』竹下節子　一九九六　NTT出版

Ⅱ　プロテスタント系出版社関係

『聖書のなかのマリア』土屋博　一九九二　教文館
『マリア（教会における女性像）』R・R・リューサー　一九八三　新教出版社
『マリアとは誰だったのか―その今日的意味―』E・モルトマン＝ヴェンデル、H・キュング、J・モルトマン編　内藤道雄訳　一九九三　新教出版社
『ナザレのマリア』マリア＝ジュビラ・ハイスター著／出村みや子訳　一九八八　新教出版社

Ⅲ　カトリック系出版社関係

『聖母マリアの栄光』聖アルフォンソ・リゴリオ著／岳野慶作訳　一九六〇　サンパウロ
『聖マリアの福音』ピーター・ミルワード著／松本たま訳　一九八九　サンパウロ
『聖母による人間の救い』池田敏雄　一九八八　サンパウロ
『巨匠たちのマリア』ブルース・ベルナルド著／池田敏雄訳　一九九〇　サンパウロ
『聖母讃歌』コンスタンテ＝ベルセッリ／ジョルジュ＝ガリブ編　一九八三　サンパウロ
『マリアになじめない人へ』吉山登　一九八七　サンパウロ
『人びとと共に歩むマリア』C・M・マルティーニ著／吉向キエ訳　一九九三　女子パウロ会
『信仰の母マリア』吉山登　一九八九　女子パウロ会
『マリアをわが家に』ヴィクトール＝シオン著／福岡カ

ルメル会訳　一九九七　女子パウロ会
『ロザリオのこころ』松永久次郎　一九八八　聖母の騎士社
『救いの協力者聖母マリア』E・スキレベークス著／伊藤庄治郎訳　一九九一　聖母の騎士社
『マリアの福音』G・ブラキエール著／福岡カルメル会訳　一九九一　聖母の騎士社
『三つの花環』フォン＝バルタザール　一九八六　聖母の騎士社
『救い主の母』レデンプトーリス＝マーテル　一九八七　教皇ヨハネ＝パウロ二世回勅　カトリック中央協議会
『イエススの母マリア』カルロス＝メステルス　一九七九　南窓社
『マリア神学綱要』聖ボナヴェントゥラ著／関根豊明訳　一九九三　エンデルレ書店
『メジュゴルイエ』ウェーン＝ウィーブル　一九九三　サンパウロ

Ⅳ　最近の外国語文献より

"How to understand the Virgin Mary" Jaeques Bur 1996 Continuum publishing Company
"The Thousand faces of the Virgin Mary" George H. Tavard 1996 Michael Glazien Book
"Mary in the Christian tradition — From contemporary perspective" Kathleen Coyle 1996 Twenty-Third publication
"Marie Mire de Dieu" Roger Bichelberger 1997 Editions du Rother
"A Protestant pastor looks at Mary" Charles Dickson 1996 Ceur Sunday Visitor, Inc.
"Mary-Glimpses of the Mother of Jesus" Beverly Roberts Gaventa 1995 University of South Carolina Press
"Mary-Shadow of Grace" Megan McKenna 1995 Orbis Books

"A Short Treatise on the Virgin Mary" René Laurentin 1991 Ami Press
"Mariologie" Franz Courth 1991 Styria
"Mary Through the Centuries" Taroslav Pelikan 1996 Yale Univ. Press
"The Cult of Virgin Mary-Psythological origins" Michael P. Carroll 1992 Princeton Univ. Press

さくいん

旧約・新約聖書引用箇所

（各欄の上の数字、たとえば二の五―六は、該当部分の第二章五節から六節の意を示す）

マリア■人と思想142　　定価はカバーに表示

1998年2月25日　第1刷発行©
2016年5月25日　新装版第1刷発行©

・著　者 ……………………………… 吉山《よしやま》　登《のぼる》
・発行者 ……………………………… 渡部　哲治
・印刷所 ……………………………… 広研印刷株式会社
・発行所 ……………………………… 株式会社　清水書院

〒102-0072　東京都千代田区飯田橋3-11-6
Tel・03(5213)7151～7
振替口座・00130-3-5283
http://www.shimizushoin.co.jp

検印省略
落丁本・乱丁本は
おとりかえします。

CenturyBooks

Printed in Japan
ISBN978-4-389-42142-7

CenturyBooks

清水書院の〝センチュリーブックス〟発刊のことば

近年の科学技術の発達は、まことに目覚ましいものがあります。月世界への旅行も、近い将来のこととして、夢ではなくなりました。しかし、一方、人間性は疎外され、文化も、商品化されようとしていることも、否定できません。

いま、人間性の回復をはかり、先人の遺した偉大な文化を継承して、高貴な精神の城を守り、明日への創造に資することは、今世紀に生きる私たちの、重大な責務であると信じます。

私たちがここに、「センチュリーブックス」を刊行いたしますのは、人間形成期にある学生・生徒の諸君、職場にある若い世代に精神の糧を提供し、この責任の一端を果したいためであります。

ここに読者諸氏の豊かな人間性を讃えつつご愛読を願います。

一九六七年

SHIMIZU SHOIN